月 日　時 分〜 時 分

name

点

🔊 1

1 音声を聞いて，まねして言いましょう。次に，もう一度言ってから書きましょう。

〈全部書いて 50 点〉

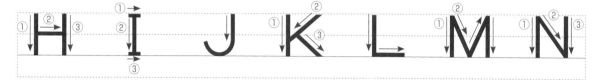

★ アルファベットの書き順には，正式な決まりはありません。

JN040691

2 音声を聞いて，まねして言いましょう。次に，もう一度言ってから書きましょう。

〈全部書いて50点〉

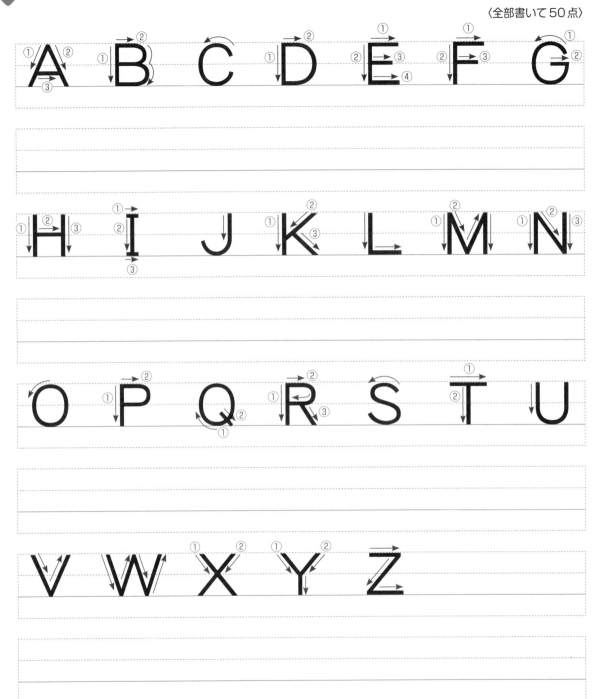

② アルファベットの復習

🔊 3

1 音声を聞いて，まねして言いましょう。次に，もう一度言ってから書きましょう。

〈全部書いて50点〉

a b c d e f g

a b c d e f g

h i j k l m n

h i j k l m n

o p q r s t u

o p q r s t u

v w x y z

v w x y z

★ アルファベットの書き順には，正式な決まりはありません。

2 音声を聞いて，まねして言いましょう。次に，もう一度言ってから書きましょう。

〈全部書いて50点〉

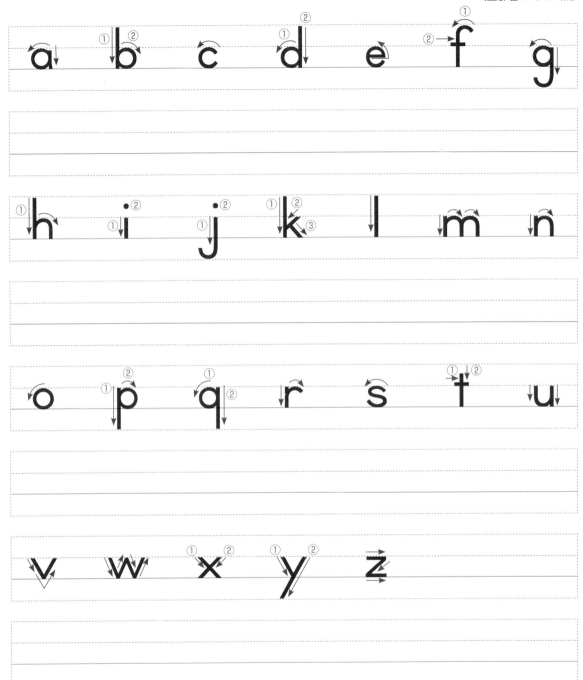

5

1 音声を聞いて，まねして言いましょう。

〈全部言って10点〉

□ ① Hello.

　こんにちは。

□ ② Hi.

　やあ。

□ ③ Good morning.

　おはようございます。

□ ④ Good afternoon.

　こんにちは。

□ ⑤ Good evening.

　こんばんは。

□ ⑥ Goodbye.

　さようなら。

□ ⑦ See you.

　またね。

□ ⑧ Good night.

　おやすみなさい。

★⑥は Good-bye. と書くこともあります。　※言えたら ☑ しましょう。

2 英語を表す絵を選んで，（　）に記号を書きましょう。

〈1つ8点〉

① Good morning.

（　　）

② Good evening.

（　　）

③ Goodbye.

（　　）

④ Good night.

（　　）

ア	イ	ウ	エ

🔊 6

3 音声を聞いて，まねして言いましょう。 〈全部言って10点〉

□① angry
おこった

□② fine
元気な

□③ great
とても元気な

□④ happy
楽しい

□⑤ hungry
おなかがすいた

□⑥ sad
悲しい

□⑦ sleepy
ねむい

□⑧ tired
つかれた

□⑨ big
大きい

□⑩ long
長い

□⑪ short
短い

□⑫ small
小さい

※言えたら ☑ しましょう。

4 英語を表す絵を選んで，（ ）に記号を書きましょう。 〈1つ8点〉

① long
（ ）

② short
（ ）

③ happy
（ ）

④ sad
（ ）

⑤ hungry
（ ）

⑥ sleepy
（ ）

ア	イ	ウ	エ	オ	カ

④ 色・形・天気

月　日　時　分〜　時　分

name

点

🔊 7

 1 音声を聞いて，まねして言いましょう。

〈全部言って10点〉

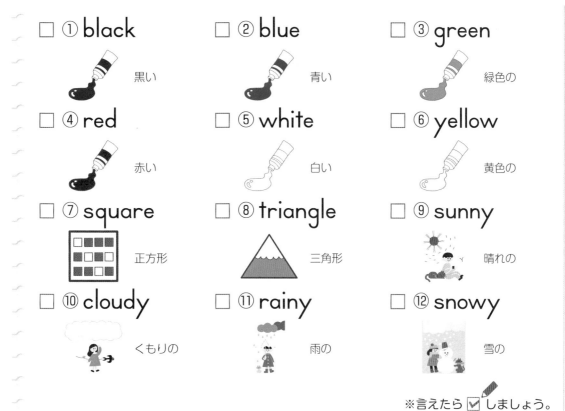

□ ① black　黒い

□ ② blue　青い

□ ③ green　緑色の

□ ④ red　赤い

□ ⑤ white　白い

□ ⑥ yellow　黄色の

□ ⑦ square　正方形

□ ⑧ triangle　三角形

□ ⑨ sunny　晴れの

□ ⑩ cloudy　くもりの

□ ⑪ rainy　雨の

□ ⑫ snowy　雪の

※言えたら ☑ しましょう。

2 英語を表す絵を選んで，（　）に記号を書きましょう。

〈1つ8点〉

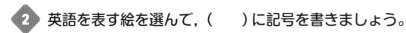

① sunny
（　　）

② red
（　　）

③ triangle
（　　）

④ white
（　　）

⑤ rainy
（　　）

⑥ blue
（　　）

ア	イ	ウ	エ	オ	カ

🔊 8

3 音声を聞いて，まねして言いましょう。 〈全部言って10点〉

□ ① one **1**　　□ ② two **2**　　□ ③ three **3**

□ ④ four **4**　　□ ⑤ five **5**　　□ ⑥ six **6**

□ ⑦ seven **7**　　□ ⑧ eight **8**　　□ ⑨ nine **9**

□ ⑩ ten **10**　　□ ⑪ eleven **11**　　□ ⑫ twelve **12**

□ ⑬ twenty **20**　　□ ⑭ thirty **30**　　□ ⑮ forty **40**

□ ⑯ fifty **50**　　□ ⑰ sixty **60**

※言えたら ☑ しましょう。

4 英語を表す数字を選んで，（　　）に記号を書きましょう。 〈1つ8点〉

① twelve 　　② three 　　③ fifty 　　④ twenty
（　　）　　　（　　）　　　（　　）　　　（　　）

| ア 3 | イ 12 | ウ 50 | エ 20 |

🔊 9

1 音声を聞いて，まねして言いましょう。　　〈全部言って14点〉

☐ ① hamburger　☐ ② pizza　☐ ③ salad

 ハンバーガー　 ピザ　 サラダ

☐ ④ sandwich　☐ ⑤ soup　☐ ⑥ spaghetti

 サンドイッチ　 スープ　 スパゲッティ

☐ ⑦ steak　☐ ⑧ cake　☐ ⑨ ice cream

 ステーキ　 ケーキ　 アイスクリーム

☐ ⑩ milk　☐ ⑪ orange juice

 牛乳（ぎゅうにゅう）　 オレンジジュース

※言えたら ✔ しましょう。

2 英語を表す絵を選んで，（　　）に記号を書きましょう。　〈1つ6点〉

① cake　　　② salad　　　③ steak
（　　）　　　（　　）　　　（　　）

④ milk　　　⑤ pizza　　　⑥ spaghetti
（　　）　　　（　　）　　　（　　）

ア	イ	ウ	エ	オ	カ

©くもん出版

3 音声を聞いて，まねして言いましょう。

〈全部言って14点〉

□ ① apple りんご

□ ② banana バナナ

□ ③ cherry さくらんぼ

□ ④ grapes ぶどう

□ ⑤ lemon レモン

□ ⑥ peach もも

□ ⑦ pineapple パイナップル

□ ⑧ tomato トマト

□ ⑨ watermelon すいか

□ ⑩ egg たまご

□ ⑪ fish 魚

□ ⑫ jam ジャム

※言えたら ☑ しましょう。

4 英語を表す絵を選んで，（ ）に記号を書きましょう。

〈1つ6点〉

① jam （ ）

② peach （ ）

③ pineapple （ ）

④ egg （ ）

⑤ banana （ ）

⑥ apple （ ）

ア	イ	ウ	エ	オ	カ

1 音声を聞いて，まねして言いましょう。

11

〈全部言って14点〉

□ ① baseball
野球

□ ② basketball
バスケットボール

□ ③ dodgeball
ドッジボール

□ ④ soccer
サッカー

□ ⑤ swimming
水泳

□ ⑥ table tennis
卓球

□ ⑦ volleyball
バレーボール

※言えたら ☑ しましょう。

2 英語を表す絵を選んで，（　　）に記号を書きましょう。

〈1つ6点〉

① swimming
（　　）

② volleyball
（　　）

③ baseball
（　　）

④ dodgeball
（　　）

ア 　イ 　ウ 　エ

©くもん出版

🔊 12

3 音声を聞いて，まねして言いましょう。　　　〈全部言って14点〉

□ ① bear　くま
□ ② cat　ねこ
□ ③ dog　犬
□ ④ elephant　ぞう
□ ⑤ horse　馬
□ ⑥ monkey　さる
□ ⑦ mouse　ねずみ
□ ⑧ panda　パンダ
□ ⑨ pig　ぶた
□ ⑩ rabbit　うさぎ
□ ⑪ snake　へび
□ ⑫ tiger　とら

※言えたら ☑ しましょう。

4 英語を表す絵を選んで，（　　）に記号を書きましょう。　〈1つ8点〉

① panda （　　）
② elephant （　　）
③ dog （　　）
④ rabbit （　　）
⑤ cat （　　）
⑥ bear （　　）

| ア | イ | ウ | エ | オ | カ |

曜日

🔊 13

1 音声を聞いて，まねして言いましょう。

〈全部言って14点〉

□ ① Monday

月　月曜日

□ ② Tuesday

火　火曜日

□ ③ Wednesday

水　水曜日

□ ④ Thursday

木　木曜日

□ ⑤ Friday

金　金曜日

□ ⑥ Saturday

土　土曜日

□ ⑦ Sunday

日　日曜日

※言えたら ☑ しましょう。

2 英語を表す絵を選んで，（　　）に記号を書きましょう。

〈1つ6点〉

① Sunday
（　　）

② Wednesday
（　　）

③ Tuesday
（　　）

④ Monday
（　　）

⑤ Saturday
（　　）

⑥ Thursday
（　　）

ア	イ	ウ	エ	オ	カ
水	月	日	木	土	火

🔊 14

3 音声を聞いて，まねして言いましょう。

〈全部言って14点〉

- □ ① ball ボール
- □ ② book 本
- □ ③ box 箱
- □ ④ cap （ふちのない）ぼうし
- □ ⑤ chair いす
- □ ⑥ desk つくえ
- □ ⑦ hat （ふちのある）ぼうし
- □ ⑧ pants ズボン
- □ ⑨ shirt シャツ
- □ ⑩ sweater セーター
- □ ⑪ umbrella かさ
- □ ⑫ watch うで時計

※言えたら ✔ しましょう。

4 英語を表す絵を選んで，（　）に記号を書きましょう。

〈1つ6点〉

① desk （　　）

② chair （　　）

③ book （　　）

④ shirt （　　）

⑤ sweater （　　）

⑥ umbrella （　　）

| ア | イ | ウ | エ | オ | カ |

15

1 音声を聞きましょう。

 {

What day is it today?

今日は何曜日ですか？

 {

It's Sunday.

日曜日です。

Sunday
日

Point!

★ What day is it today? What day is it today? は「今日は何曜日ですか？」という意味です。It's 〜 . で曜日を答えます。

2 音声を聞いて，まねして言いましょう。次に，もう一度言ってから書きましょう。

〈1つ10点〉

① {

What day is it today?

今日は何曜日ですか？

It's Thursday.

木曜日です。

② {

What day is it today?

今日は何曜日ですか？

 {

It's Tuesday.

火曜日です。

③ {

What day is it today?

今日は何曜日ですか？

 {

It's Saturday.

土曜日です。

★ たずねるときは文の最後に「?」(クエスチョン・マーク)を，答えるときは文の最後に「.」(ピリオド)をつけます。
「'」(アポストロフィ)は，いちばん上の線に合わせて書きます。

Words & Phrases　What day is it today? : 今日は何曜日ですか？　It's 〜 . : 〜 (曜日) です。
Sunday : 日曜日　Thursday : 木曜日　Tuesday : 火曜日　Saturday : 土曜日

3 音声を聞いて，まねして言いましょう。次に，もう一度言ってから書きましょう。
□は，なぞったところをお手本に書きましょう。　　　　　　〈1つ13点〉

① What day is it today ?

今日は何曜日ですか？

It's Sunday.

日曜日です。

② What ☐ is it today ?

今日は何曜日ですか？

It's Wednesday.

水曜日です。

③ ☐ ☐ is it today ?

今日は何曜日ですか？

☐ Friday.

金曜日です。

④ ☐ ☐ ☐ ☐ today ?

今日は何曜日ですか？

☐ Monday.

月曜日です。

4 次の質問に，「〜曜日です」と英語で答えて書きましょう。　　　　〈18点〉

What day is it today ?

★ 文の最後にはピリオドをつけよう。

Words & Phrases　　Wednesday：水曜日　Friday：金曜日　Monday：月曜日

How's the weather？

月 日　時 分〜 時 分

name

点

 17

1 音声を聞きましょう。

How's the weather？
天気はどうですか？

It's sunny.
晴れています。

Point！

★ How's the weather？　How's the weather？は「天気はどうですか？」という意味です。It's 〜. で天気を答えます。

2 音声を聞いて，まねして言いましょう。次に，もう一度言ってから書きましょう。

〈1つ10点〉

①
How's the weather？　　天気はどうですか？

It's rainy.

雨がふっています。

②
How's the weather？　　天気はどうですか？

It's cold.

寒いです。

③
How's the weather？　　天気はどうですか？

It's snowy.

雪がふっています。

Words & Phrases　　How's the weather？：天気はどうですか？　It's 〜.：〜 (天気) です。
sunny：晴れている　rainy：雨がふっている　cold：寒い　snowy：雪がふっている

3 音声を聞いて，まねして言いましょう。次に，もう一度言ってから書きましょう。

〈1つ13点〉

① How's the weather ?

天気はどうですか？

It's sunny.

晴れています。

② _____ the weather ?

天気はどうですか？

_____ hot.

暑いです。

③ How's the _____ ?

天気はどうですか？

_____ cloudy.

くもっています。

④ _____ the _____ ?

天気はどうですか？

_____ _____ .

晴れています。

4 次の質問に，今日の天気を「～です」と英語で答えて書きましょう。 〈18点〉

How's the weather ?

★文の最後にはピリオドをつけよう。

Words & Phrases　　hot：暑い　cloudy：くもっている

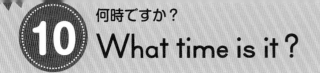

10 何時ですか？
What time is it?

月　日　　時　分〜　時　分
name
点

 19

1 音声を聞きましょう。

 {
What time is it?
何時ですか？

 {
It's nine.
9時です。

Point! ....

★ **What time is it?**　What time is it? は「何時ですか？」という意味です。It's 〜. て 時こくを答えます。It's 9:00. などと，数字でも表します。

2 音声を聞いて，まねして言いましょう。次に，もう一度言ってから書きましょう。

〈1つ10点〉

① {
What time is it?
何時ですか？

{
It's ten.
10時です。

② {
What time is it?
何時ですか？

 {
It's two thirty.
2時30分です。

③  {
What time is it?
何時ですか？

 {
It's six forty.
6時40分です。

Words & Phrases　What time is it?：何時ですか？　It's 〜.：〜時（…分）です。
nine：9（時）　ten：10（時）　two thirty：2時30分　six forty：6時40分

　©くもん出版

3 音声を聞いて，まねして言いましょう。次に，もう一度言ってから書きましょう。

〈1つ13点〉

① What time is it?

何時ですか？

It's nine.

9時です。

② ☐ time is it?

何時ですか？

☐ twelve twenty.

12時20分です。

③ What ☐ is it?

何時ですか？

☐ four fifty.

4時50分です。

④ ☐ ☐ is it?

何時ですか？

☐ ☐ ☐.

9時20分です。

4 次の質問に，今の時こくを「〜です」と英語で答えて書きましょう。 〈18点〉

What time is it?

★ 文の最後にはピリオドをつけよう。

Words & Phrases　　twelve twenty：12時20分　four fifty：4時50分

月 日　時 分〜 時 分

name

点

🔊 21

1 音声を聞いて，合うほうの絵の記号を〇でかこみましょう。　〈1つ8点〉

(1)　ア　　　　イ
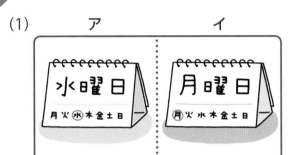

(2)　ア　　　　イ

(3)　ア　　　　イ

(4)　ア　　　　イ

2 音声を聞き，絵を見て，<ruby>質問<rt>しつもん</rt></ruby>の答えを　　　　から選んで，　　　　に書きましょう。　〈1つ10点〉

(2:30)

水曜日

It's snowy.
It's Wednesday.
It's two thirty.

(1)

(2)

(3)

3 ケンタが今日のことについて話しています。英語に合うものを下の　　　　から選び，（　　）に記号を書きましょう。〈8点〉

> It's eleven ten.
> It's Sunday today.
> It's rainy.

ア　10時11分　土曜日　雨
イ　11時10分　日曜日　晴れ
ウ　11時10分　日曜日　雨
エ　10時11分　土曜日　晴れ

（　　　　）

4 絵を見て，答えの文の　　　　に入る英語を，下の　　　　から選んで書きましょう。〈1つ10点〉

(1)　How's the weather？　　　　天気はどうですか？

It's _____ .　　　　くもっています。

(2)　What time is it？　　　　何時ですか？

It's _____ _____ .

3時50分です。

(3)　What day is it today？　　　今日は何曜日ですか？

It's _____ .　　　　木曜日です。

cloudy　　fifty　　Thursday　　three

12 ぼくはケンです。 I'm Ken.

 23

1 音声を聞きましょう。

I'm Ken.
ぼくはケンです。

I'm happy.
ぼくは楽しいです。

Point! ··

★ I'm 〜. 「わたしは〜です」と言うときは，I'm 〜. で表します。

2 音声を聞いて，まねして言いましょう。次に，もう一度言ってから書きましょう。

〈1つ10点〉

① I'm Eri.
わたしはエリです。

② I'm Masaki.
ぼくはマサキです。

I'm hungry.
ぼくはおなかがすいています。

③ I'm Sayaka.
わたしはサヤカです。

I'm tired.
わたしはつかれています。

★ I'm は，I am を短くちぢめた言い方です。I は「わたしは，ぼくは」，am は「〜です」という意味を表す言葉です。

Words & Phrases I'm：わたしは〜です　happy：うれしい，楽しい　hungry：おなかがすいた
tired：つかれた

©くもん出版

3 音声を聞いて，まねして言いましょう。次に，もう一度言ってから書きましょう。

〈1つ14点〉

① I'm Ken.

ぼくはケンです。

I'm happy.

ぼくは楽しいです。

② I'm Fuka.

わたしはフウカです。

I'm sad.

わたしは悲しいです。

③ ☐ Tatsuya.

ぼくはタツヤです。

☐ sleepy.

ぼくはねむいです。

④ ☐ Misato.

わたしはミサトです。

☐ busy.

わたしはいそがしいです。

⑤ ☐ ☐ .

ぼくはショウタ（Shota）です。

☐ ☐ .

ぼくはおなかがすいて（hungry）います。

Words & Phrases   sad：悲しい   sleepy：ねむい   busy：いそがしい

あなたはアヤですか？―はい，そうです。

Are you Aya? ―Yes, I am.

月　日　　時　分〜　時　分

name

点

🔊 25

1 音声を聞きましょう。

Are you Aya?
あなたはアヤですか？

Yes, I am.
はい，そうです。

No, I'm not.
いいえ，ちがいます。

Point!

★ Are you 〜?
　―Yes, I am. / No, I'm not.

「あなたは〜ですか？」とたずねるときは，Are you 〜? と言います。答えは，「はい」→ Yes, I am.「いいえ」→ No, I'm not. です。

2 音声を聞いて，まねして言いましょう。次に，もう一度言ってから書きましょう。

〈1つ10点〉

① Are you Yuto?

あなたはユウトですか？

Yes, I am.

はい，そうです。

② Are you Shota?

あなたはショウタですか？

No, I'm not.

いいえ，ちがいます。

③ Are you busy?

あなたはいそがしいですか？

Yes, I am.

はい，いそがしいです。

★ Yes と No のあとには，「 , 」(コンマ)をつけます。No のときは，I'm のあとの not をわすれないようにしましょう。

Words & Phrases　are：〜です　you：あなたは　yes：はい　no：いいえ　not：〜(で)ない

©くもん出版

3 音声を聞いて，まねして言いましょう。次に，もう一度言ってから書きましょう。

〈1つ14点〉

① Are you Keita ?

あなたはケイタですか？

Yes, I am.

はい，そうです。

② Are you hungry ?

あなたはおなかがすいていますか？

No, I'm not.

いいえ，すいていません。

③ ☐☐ happy ?

あなたは楽しいですか？

☐ ☐ ☐

はい，楽しいです。

④ ☐☐ Haruna ?

あなたはハルナですか？

☐ ☐ ☐

いいえ，ちがいます。

4 絵を見て，男の子の答えを，☐☐から選んで☐☐に書きましょう。　〈14点〉

Are you Shin ?

| Yes, I am.　　No, I'm not. |

★ 文の最後にはピリオドをつけよう。

© くもん出版

26

月 日　時 分〜 時 分

name

点

〈1つ6点〉

1 音声を聞いて，合うほうの絵の記号を○でかこみましょう。

🔊 27

(1)　ア　　　イ

(2)　ア　　　イ

(3)　ア　　　イ

(4)　ア　　　イ

2 音声を聞いて，合う絵をア〜エから選び，（　　　）に記号を書きましょう。　〈1つ8点〉

ア　　　　　　　　　　イ

ウ　　　　　　　　　　エ

(1) (　　　　　)　　(2) (　　　　　)　　(3) (　　　　　)　　(4) (　　　　　)

3 絵に合う英語を, [＿＿＿] から選んで [＿＿＿] に書きましょう。 〈1つ7点〉

I'm Ryota.	I'm Rin.
I'm hungry.	I'm busy.

(1)

＿＿＿＿＿＿＿＿＿＿＿＿＿＿＿

ぼくはおなかがすいています。

(2)

＿＿＿＿＿＿＿＿＿＿＿＿＿＿＿

わたしはリンです。

(3)

＿＿＿＿＿＿＿＿＿＿＿＿＿＿＿

ぼくはいそがしいです。

(4)

＿＿＿＿＿＿＿＿＿＿＿＿＿＿＿

ぼくはリョウタです。

4 絵を見て, 答えの文の [＿＿＿] に入る言葉を, [＿＿＿] から選んで書きましょう。

〈1つ8点〉

am	are	not

(1)

Are you tired?　　　　あなたはつかれていますか？

Yes, I ＿＿＿＿.　　　　はい, つかれています。

(2)

Are you Takuto?　　　あなたはタクトですか？

No, I'm ＿＿＿＿.　　　いいえ, ちがいます。

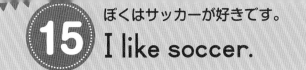

15

ぼくはサッカーが好きです。

I like soccer.

 29

1 音声を聞きましょう。

I like soccer.
ぼくはサッカーが好きです。

I like pizza.
わたしはピザが好きです。

Point! ....

★ I like 〜 .　「わたしは〜が好きです」は I like 〜 . で表します。

2 音声を聞いて，まねして言いましょう。次に，もう一度言ってから書きましょう。

〈1つ10点〉

①
I like volleyball.

ぼくはバレーボールが好きです。

② I like table tennis.

わたしは卓球が好きです。

③ I like spaghetti.

ぼくはスパゲッティが好きです。

④ I like curry and rice.

わたしはカレーライスが好きです。

⑤
I like fried chicken.

ぼくはフライドチキンが好きです。

Words & Phrases　like：〜が好きだ　soccer：サッカー　pizza：ピザ　volleyball：バレーボール
table tennis：卓球　spaghetti：スパゲッティ　curry and rice：カレーライス
fried chicken：フライドチキン

©くもん出版

3 音声を聞いて，まねして言いましょう。次に，もう一度言ってから書きましょう。

〈1つ12点〉

① I like soccer.

ぼくはサッカーが好きです。

I ☐ pizza.

ぼくはピザが好きです。

② I ☐ tennis.

わたしはテニスが好きです。

☐ ☐ salad.

わたしはサラダが好きです。

③ ☐ ☐ baseball.

ぼくは野球が好きです。

☐ ☐ cake.

ぼくはケーキが好きです。

4 絵の中の人物が話しています。合う英語を，☐ から選んで ☐ に書きましょう。

〈14点〉

I like soccer.   I like tennis.

★文の最後にはピリオドをつけよう。

Words & Phrases   tennis：テニス salad：サラダ baseball：野球 cake：ケーキ

16

わたしはえんぴつを持っています。

I have a pencil.

月 日　時 分〜 時 分

name

点

🔊 31

1 音声を聞きましょう。

I have a pencil.
ぼくはえんぴつを持っています。

I want a long pencil.
ぼくは長いえんぴつがほしいです。

Point!

★ I have 〜.
　 I want 〜.

「わたしは〜を持っています」は I have 〜. で、「わたしは〜がほしいです」は I want 〜. で表します。

2 音声を聞いて、まねして言いましょう。次に、もう一度言ってから書きましょう。

〈1つ6点〉

① I have a ruler.
わたしは定規を持っています。

② I have a pencil case.
ぼくは筆箱を持っています。

③ I want a cool pencil case.
ぼくはかっこいい筆箱がほしいです。

④ I have a red crayon.
わたしは赤いクレヨンを持っています。

⑤ I want a blue crayon.
わたしは青いクレヨンがほしいです。

★ 物を表す言葉で、1つ、2つ…と数えられるときは、前に a をつけます。

Words & Phrases　have：〜を持っている　a：1つの　pencil：えんぴつ　want：〜がほしい　long：長い
ruler：定規　pencil case：筆箱　cool：かっこいい　red：赤い　crayon：クレヨン
blue：青い

31

©くもん出版

3 音声を聞いて，まねして言いましょう。次に，もう一度言ってから書きましょう。

〈1つ9点〉

① I have a pencil.

ぼくはえんぴつを持っています。

② I want a long pencil.

ぼくは長いえんぴつがほしいです。

③ I [_____] a notebook.

わたしはノートを持っています。

④ I [_____] a small notebook.

わたしは小さいノートがほしいです。

⑤ [____] [_____] a bike.

ぼくは自転車を持っています。

⑥ [____] [_____] a new bike.

ぼくは新しい自転車がほしいです。

4 絵の中の人物が話しています。合う英語を，[_____]から選んで＿＿＿に書きましょう。

〈16点〉

| I want a crayon. |
| I have a crayon. |

＿＿＿＿＿＿＿＿＿＿＿＿＿＿＿＿＿＿＿

★ 文の最後にはピリオドをつけよう。

🔊 33

1 音声を聞きましょう。

I don't like volleyball.
わたしはバレーボールが好きではありません。

I don't have a ball.
わたしはボールを持っていません。

Point!

★ **I don't 〜 .**　「わたしは〜 (し) ません」と言うときは，like や have，want の前に don't を置いて，I don't 〜 . で表します。

2 音声を聞いて，まねして言いましょう。次に，もう一度言ってから書きましょう。

〈1つ6点〉

① I don't like baseball.
ぼくは野球が好きではありません。

②  I don't like rice.
わたしはごはんが好きではありません。

③ I don't have a cap.
ぼくはぼうしを持っていません。

④  I don't have a pen.
わたしはペンを持っていません。

⑤  I don't want a watch.
ぼくはうで時計はほしくありません。

Words & Phrases　don't：〜しない，〜でない　ball：ボール　rice：ごはん　cap：(ふちのない) ぼうし
pen：ペン　watch：うで時計

©くもん出版

3 音声を聞いて，まねして言いましょう。次に，もう一度言ってから書きましょう。

〈1つ9点〉

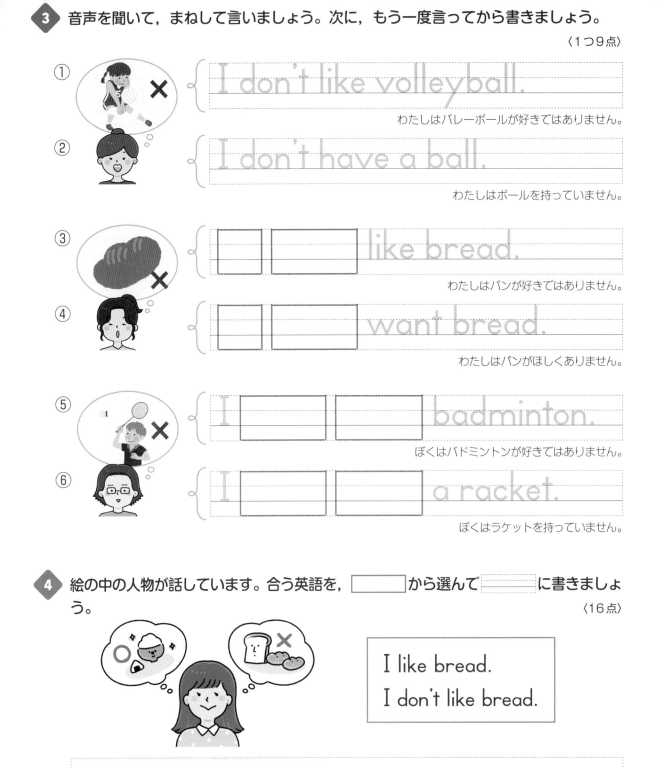

① I don't like volleyball.

わたしはバレーボールが好きではありません。

② I don't have a ball.

わたしはボールを持っていません。

③ ☐ ☐ like bread.

わたしはパンが好きではありません。

④ ☐ ☐ want bread.

わたしはパンがほしくありません。

⑤ I ☐ ☐ badminton.

ぼくはバドミントンが好きではありません。

⑥ I ☐ ☐ a racket.

ぼくはラケットを持っていません。

4 絵の中の人物が話しています。合う英語を，☐ から選んで ──── に書きましょう。

〈16点〉

> I like bread.
> I don't like bread.

★ 文の最後にはピリオドをつけよう。

🔊 35

1 音声を聞きましょう。

Do you like tennis ?
あなたはテニスが好きですか？

Do you have a racket ?
あなたはラケットを持っていますか？

Point ! ･････････････････････

★ Do you 〜 ?　「あなたは〜（し）ますか？」とたずねるときは，Do you 〜 ? と言います。

2 音声を聞いて，まねして言いましょう。次に，もう一度言ってから書きましょう。

〈1つ10点〉

① Do you like basketball ?
あなたはバスケットボールが好きですか？

② Do you like chocolate ?
あなたはチョコレートが好きですか？

③ Do you have an umbrella ?
あなたはかさを持っていますか？

④ Do you have a T-shirt ?
あなたは T シャツを持っていますか？

⑤ Do you want a stapler ?
あなたはホッチキスがほしいですか？

★ 「ア，イ，ウ，エ，オ」に似た音で始まる言葉の前には，a ではなく an をつけます。

Words & Phrases　basketball：バスケットボール　chocolate：チョコレート　an：1つの　umbrella：かさ
T-shirt：T シャツ　stapler：ホッチキス

3 音声を聞いて，まねして言いましょう。次に，もう一度言ってから書きましょう。

〈1つ12点〉

① Do you like coffee ?

あなたはコーヒーが好きですか？

Do you want tea ?

あなたは紅茶がほしいですか？

② ☐ ☐ have a pencil ?

あなたはえんぴつを持っていますか？

☐ ☐ ☐ an eraser ?

あなたは消しゴムがほしいですか？

③ ☐ ☐ ☐ milk ?

あなたは牛乳が好きですか？

☐ ☐ ☐ orange juice ?

あなたはオレンジジュースがほしいですか？

4 男の子のせりふの（　　）に合う英語を，☐から選んで────に書きましょう。

〈14点〉

I want pizza.
（　　　　）

Do you want pizza ?
I don't want pizza.

★ 文の最後にはクエスチョン・マークかピリオドをつけよう。

Words & Phrases　coffee：コーヒー　tea：紅茶　eraser：消しゴム　milk：牛乳
orange juice：オレンジジュース

◀)) 37

1 音声を聞きましょう。

Do you like dogs?
あなたは犬が好きですか？

Yes, I do.
はい，好きです。

No, I don't.
いいえ，好きではありません。

Point!

★ Yes, I do. / No, I don't.

Do you 〜? には，「はい」なら Yes, I do. で，
「いいえ」なら No, I don't. で答えます。

2 音声を聞いて，まねして言いましょう。次に，もう一度言ってから書きましょう。

〈1つ8点〉

① Do you like animals?
あなたは動物が好きですか？

Yes, I do.

はい，好きです。

② Do you have a dog?
あなたは犬を飼っていますか？

No, I don't.

いいえ，飼っていません。

③ Do you want a dog?
あなたは犬がほしいですか？

No, I don't. I want a cat.

いいえ，ほしくありません。ぼくはねこがほしいです。

★ 「犬（というもの全体）が好き」と言うときは，dog（犬）に s をつけて dogs にします。これを複数形と言います。
言葉によって，s をつけたり es をつけたりします。

Words & Phrases　　dog：犬　animal：動物　cat：ねこ

©くもん出版

3 音声を聞いて，まねして言いましょう。次に，もう一度言ってから書きましょう。

〈1つ12点，⑥は16点〉

① Do you like baseball？　　あなたは野球が好きですか？

Yes, I do.

はい，好きです。

② Do you have a bat？　　あなたはバットを持っていますか？

No, I don't.

いいえ，持っていません。

③ Do you want a bat？　　あなたはバットがほしいですか？

No, I don't. I want a glove.

いいえ，ほしくありません。ぼくはグローブがほしいです。

④ Do you have a pen？　　あなたはペンを持っていますか？

Yes, I ☐.

はい，持っています。

⑤ Do you have a green pen？　　あなたは緑色のペンを持っていますか？

No, I ☐. I have a blue pen.

いいえ，持っていません。わたしは青いペンを持っています。

⑥ Do you want a crayon？　　あなたはクレヨンがほしいですか？

☐, ☐ ☐. I want a pencil.

いいえ，ほしくありません。わたしはえんぴつがほしいです。

Words & Phrases　　bat：バット　glove：(野球の) グローブ　green：緑色の

1 音声を聞きましょう。

 { **What do you like？**
あなたは何が好きですか？

 { **I like basketball.**
わたしはバスケットボールが好きです。

Point! ....

★ **What do you 〜？**　　「あなたは何を〜しますか？」は What do you 〜？で表します。

2 音声を聞いて，まねして言いましょう。次に，もう一度言ってから書きましょう。

〈1つ10点〉

① { What do you **like** ？
あなたは何が好きですか？

I like baseball.
わたしは野球が好きです。

② { What do you **have** ？
あなたは何を持っていますか？

I have an apple.
ぼくはりんごを持っています。

③ { What fruit do you **like** ？
あなたは何の果物が好きですか？

I like strawberries.
わたしはいちごが好きです。

★ 「あなたは何の…を〜しますか」と言うときは，What … do you 〜？で表します。

Words & Phrases　　what：何・何の　apple：りんご　fruit：果物　strawberry：いちご

©くもん出版

3 音声を聞いて、まねして言いましょう。次に、もう一度言ってから書きましょう。

〈1つ12点〉

① What do you like?

あなたは何が好きですか？

I like basketball.

わたしはバスケットボールが好きです。

② ☐ do you have?

あなたは何を持っていますか？

I have an old book.

ぼくは古い本を持っています。

③ ☐ ☐ you want?

あなたは何がほしいですか？

I want a banana.

わたしはバナナがほしいです。

④ ☐ sport ☐ you ☐ ?

あなたは何のスポーツが好きですか？

I like swimming.

ぼくは水泳が好きです。

⑤ ☐ season ☐ ☐ ☐ ?

あなたは何の季節が好きですか？

I like fall.

わたしは秋が好きです。

4 絵を見て、先生の質問を、☐から選んで ☐に書きましょう。 〈10点〉

I have a glove.

What do you like?
What do you have?

★文の最後にはクエスチョン・マークをつけよう。

Words & Phrases   old：古い　book：本　banana：バナナ　sport：スポーツ　swimming：水泳
season：季節　fall：秋

月 日　時 分〜 時 分

name

点

 41

1 音声を聞いて，合う絵をア〜エから選び，（　　）に記号を書きましょう。 〈1つ5点〉

ア

イ

ウ

エ

(1) (　　　　)　(2) (　　　　)　(3) (　　　　)　(4) (　　　　)

2 音声の質問を聞き，絵を見て，合う答えを下の　　　　から選び，（　　）に記号を書きましょう。 〈1つ8点〉

(1)

(2)

(3)

(4)

ア　Yes, I do.	イ　No, I don't.
ウ　I like table tennis.	エ　I like fall.

(1) (　　　　)　(2) (　　　　)　(3) (　　　　)　(4) (　　　　)

©くもん出版

(1) 　　(2) 　　(3)

I like dogs.　　I have an old book.
I want a new bike.

(1) ＿＿＿＿＿＿＿＿＿＿＿＿＿＿＿＿＿＿＿　ぼくは古い本を
持っています。

(2) ＿＿＿＿＿＿＿＿＿＿＿＿＿＿＿＿＿＿＿　わたしは犬が
好きです。

(3) ＿＿＿＿＿＿＿＿＿＿＿＿＿＿＿＿＿＿＿　ぼくは新しい自転車が
ほしいです。

4 絵を見て, 質問の ＿＿＿ に入る言葉を, □□□□□ から選んで書きましょう。

〈1つ9点〉

like　　Do　　want　　you

(1) 　＿＿＿＿＿＿＿＿ you like cats?

Yes, I do.

あなたはねこが好きですか？
はい, 好きです。

(2) 　Do ＿＿＿＿＿＿＿ have a pen?

No, I don't.

あなたはペンを持っていますか？
いいえ, 持っていません。

(3) What fruit do you ＿＿＿＿＿＿＿＿?

あなたは何の果物がほしいですか？
わたしはりんごがほしいです。

I want an apple.

🔊 43

1 音声を聞きましょう。

> My birthday is January 5th.
> ぼくの誕生日は1月5日です。
>
> My birthday is February 1st.
> わたしの誕生日は2月1日です。

Point! ········

★ My birthday is 〜.

birthday は「誕生日」を表す言葉です。is のあとに, 月と日にちを表す言葉を続けます。

2 音声を聞いて, まねして言いましょう。次に, もう一度言ってから書きましょう。

〈1つ8点〉

①
3月
6日
My birthday is March 6th.
わたしの誕生日は3月6日です。

②
4月
8日
My birthday is April 8th.
ぼくの誕生日は4月8日です。

③
5月
12日
My birthday is May 12th.
わたしの誕生日は5月12日です。

④
6月
21日
My birthday is June 21st.
ぼくの誕生日は6月21日です。

⑤
7月
18日
My birthday is July 18th.
わたしの誕生日は7月18日です。

★ 月の名前は, 文のとちゅうでも, 最初の文字を大文字で書きます。

Words & Phrases
my：ぼくの, わたしの　birthday：誕生日　is：〜です　January：1月
February：2月　March：3月　April：4月　May：5月　June：6月　July：7月

©くもん出版

3 音声を聞いて，まねして言いましょう。次に，もう一度言ってから書きましょう。

〈1つ9点〉

① My birthday is August 20th.

ぼくの誕生日は8月20日です。

② ☐ birthday ☐ September 2nd.

わたしの誕生日は
9月2日です。

③ My ☐ is October 31st.

ぼくの誕生日は
10月31日です。

④ ☐ ☐ ☐ November 13th.

わたしの誕生日は
11月13日です。

⑤ ☐ ☐ ☐ December 3rd.

ぼくの誕生日は
12月3日です。

4 「わたしの誕生日は～月…日です」と，自分の誕生日を英語で書きましょう。

★日にちは，118ページを見ながら書きましょう。 〈15点〉

★文の最後にはピリオドをつけよう。

Words & Phrases　August：8月　September：9月　October：10月　November：11月
December：12月

When is your birthday?

月 日　時 分〜 時 分

name

点

🔊 45

1 音声を聞きましょう。

When is your birthday?
あなたの誕生日はいつですか？

My birthday is March 2nd.
わたしの誕生日は3月2日です。

Point!

★ When is your birthday?

誕生日をたずねるときは，When is your birthday? と言います。答えるときは，My birthday is 〜. と言います。

2 音声を聞いて，まねして言いましょう。次に，もう一度言ってから書きましょう。

〈1つ14点〉

①
When is your birthday?

あなたの誕生日はいつですか？

My birthday is July 25th.
わたしの誕生日は7月25日です。

② When is your birthday?

あなたの誕生日はいつですか？

My birthday is December 4th.
ぼくの誕生日は12月4日です。

③
When is your birthday?

あなたの誕生日はいつですか？

My birthday is February 28th.
わたしの誕生日は2月28日です。

Words & Phrases　　when：いつ　your：あなたの　2nd：2日　25th：25日　4th：4日　28th：28日

©くもん出版

3 音声を聞いて，まねして言いましょう。次に，もう一度言ってから書きましょう。

〈1つ18点〉

① When is your birthday ?

あなたの誕生日はいつですか？

My birthday is January 29th.

ぼくの誕生日は1月29日です。

②

☐ ☐ ☐ ☐ ?

あなたの誕生日はいつですか？

☐ ☐ ☐

September 12th.

ぼくの誕生日は
9月12日です。

4 絵を見て，男の子の質問を，☐☐☐から選んで┄┄┄に書きましょう。　〈22点〉

My birthday
is April 4th.

When is your birthday ?
What do you like ?

★ 文の最後にはクエスチョン・マークをつけよう。

🔊 47

1 音声を聞いて，合う絵をア〜エから選び，（　）に記号を書きましょう。　〈1つ15点〉

ア

イ

ウ

エ

(1) （　　　　）　　(2) （　　　　　）

2 音声を聞いて，名前と誕生日を線で結びましょう。　〈1つ15点〉

〈 名前 〉　　　　　〈 誕生日 〉

(1)

- Marina　●　　　　● May 12th

- Shizuka　●　　　● March 20th

〈 名前 〉　　　　　〈 誕生日 〉

(2)

- Takuto　●　　　● October 3rd

- Takashi　●　　　● August 13th

3 先生とヒロトが会話をしています。①，②のせりふに合う英語を，下の　　　　　から選んで　　　　に書きましょう。

〈1つ20点〉

おはよう，ヒロト。

おはようございます，グリーン先生。

① あなたの誕生日（たんじょうび）はいつ？

② ぼくの誕生日（たんじょうび）は9月8日です。

My birthday is September 8th.
When is your birthday?

①

②

🔊 49

1 音声を聞きましょう。

What do you have on Mondays?
月曜日には何がありますか？

I have math on Mondays.
月曜日には算数があります。

Point!

✻ on 〜　「〜曜日に」は on 〜で表します。毎週あること，することは，曜日の最後に s をつけて表します。

2 音声を聞いて，まねして言いましょう。次に，もう一度言ってから書きましょう。

〈1つ12点〉

① What do you have on Tuesdays?
火曜日には何がありますか？

I have Japanese on Tuesdays.
火曜日には国語があります。

② What do you have on Wednesdays?
水曜日には何がありますか？

I have P.E. on Wednesdays.
水曜日には体育があります。

③ What do you have on Thursdays?
木曜日には何がありますか？

I have social studies on Thursdays.
木曜日には社会があります。

Words & Phrases　math：算数　on：〜（曜日）に　Japanese：国語　P.E.：体育　social studies：社会（科）

49　©くもん出版

3 音声を聞いて，まねして言いましょう。次に，もう一度言ってから書きましょう。

〈1つ16点〉

① What do you have on Fridays?

金曜日には何がありますか？

I have calligraphy on Fridays.

金曜日には書写があります。

② What do you have on Mondays?

月曜日には何がありますか？

I ⬜ music ⬜ Mondays.

月曜日には音楽があります。

③ What do you have on Tuesdays?

火曜日には何がありますか？

I ⬜ English ⬜ ⬜.

火曜日には英語があります。

4 絵を見て，女の子の答えを，⬜⬜⬜から選んで⬜⬜⬜に書きましょう。　〈16点〉

What do you have on Thursdays?

英語

I have English on Thursdays.
I have math on Thursdays.

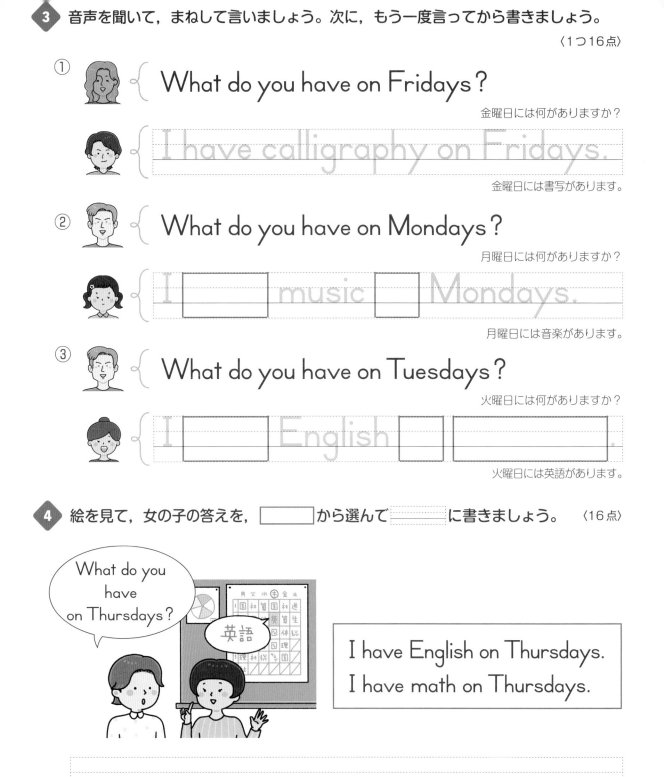

★文の最後にはピリオドをつけよう。

Words & Phrases　calligraphy：書写　music：音楽　English：英語

© くもん出版

50

51

1 音声を聞きましょう。

I get up at seven.
わたしは７時に起きます。

I go to school at seven fifty.
わたしは７時50分に学校へ行きます。

Point!

★ at 〜

「〜時に」は，at の後ろに時こくを表す数を置きます。
「〜時…分に」は，at の後ろに「時」と「分」を表す数をならべます。

2 音声を聞いて，まねして言いましょう。次に，もう一度言ってから書きましょう。

〈1つ8点〉

①  7:10

I brush my teeth at seven ten.

ぼくは7時10分に歯をみがきます。

② 7:20

I eat breakfast at seven twenty.

ぼくは7時20分に朝食を食べます。

③ 12:40

I eat lunch at twelve forty.

ぼくは12時40分に昼食を食べます。

④  4:00

I do my homework at four.

ぼくは4時に宿題をします。

★ 「〜時（ちょうど）」は，数の後ろに o'clock をつけることもあります。

Words & Phrases　get up：起きる　at：〜（時）に　go to school：学校へ行く　fifty：50
brush my teeth：歯をみがく　eat：食べる　breakfast：朝食　lunch：昼食
forty：40　do my homework：宿題をする

©くもん出版

3 音声を聞いて，まねして言いましょう。次に，もう一度言ってから書きましょう。

★ 数字は，115ページを見ながら書きましょう。 〈1つ10点〉

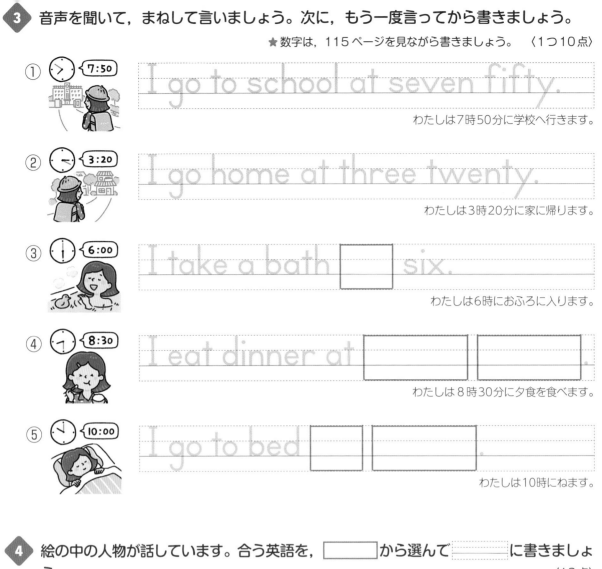

① (7:50)
I go to school at seven fifty.

わたしは7時50分に学校へ行きます。

② (3:20)
I go home at three twenty.

わたしは3時20分に家に帰ります。

③ (6:00)
I take a bath ☐ six.

わたしは6時におふろに入ります。

④ (8:30)
I eat dinner at ☐ ☐ .

わたしは8時30分に夕食を食べます。

⑤ (10:00)
I go to bed ☐ ☐ .

わたしは10時にねます。

4 絵の中の人物が話しています。合う英語を，☐ から選んで ┄┄ に書きましょう。

〈18点〉

I go to bed at eleven.
I do my homework at seven thirty.

┄┄┄┄┄┄┄┄┄┄┄┄┄┄┄┄┄┄┄┄┄┄┄┄

★文の最後にはピリオドをつけよう。

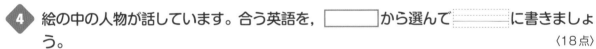

Words & Phrases　　go home：家に帰る　take a bath：おふろに入る　dinner：夕食　go to bed：ねる

What time do you get up?

🔊 53

1 音声を聞きましょう。

 {
What time do you get up?
あなたは何時に起きますか？

 {
I get up at seven.
わたしは7時に起きます。

Point! ....

★ **What time do you 〜?**　「あなたは何時に〜しますか？」は What time do you 〜? で表します。

2 音声を聞いて，まねして言いましょう。次に，もう一度言ってから書きましょう。

〈1つ10点〉

① {
What time do you wash the dishes ?
あなたは何時にお皿をあらいますか？

{
I always wash the dishes at seven forty.
ぼくはいつも7時40分にお皿をあらいます。

② {
What time do you walk the dog ?
あなたは何時に犬を散歩させますか？

{
I usually walk the dog at five.
わたしはたいてい5時に犬を散歩させます。

③ {
What time do you take a bath ?
あなたは何時におふろに入りますか？

{
I take a bath at nine thirty.　ぼくは9時30分におふろに入ります。

★ What time do you 〜? と聞かれたら，その動作をする時こくを答えます。

Words & Phrases　wash the dishes：お皿をあらう　always：いつも　walk the dog：犬を散歩させる
usually：たいてい，ふつうは

©くもん出版

3 音声を聞いて，まねして言いましょう。次に，もう一度言ってから書きましょう。

〈1つ14点〉

① What time do you get up ?

あなたは何時に起きますか？

I get up at seven.

わたしは7時に起きます。

② ☐ time do you eat lunch ?

あなたは何時に昼食を食べますか？

I eat lunch at twelve fifteen.

ぼくは12時15分に昼食を食べます。

③ ☐ ☐ do you watch TV ?

あなたは何時にテレビを見ますか？

I usually watch TV at eight.

わたしはたいてい8時にテレビを見ます。

④ ☐ ☐ ☐ you go to bed ?

あなたは何時にねますか？

I always go to bed at ten thirty.

ぼくはいつも10時30分にねます。

4 絵を見て，先生の質問を，☐☐☐から選んで ＿＿＿＿に書きましょう。

〈1つ14点〉

I eat dinner at seven.

What time do you eat dinner ?
What do you want ?

★ 文の最後にはクエスチョン・マークかピリオドをつけよう。

Words & Phrases   watch TV：テレビを見る

月 日	時 分 〜 時 分
name	
	点

🔊 55

1 音声を聞いて，合うほうの絵の記号を○でかこみましょう。　　〈1つ8点〉

(1) ア　　　イ

(2) ア　　　イ

2 音声の質問を聞き，時間わりの○を見て，答えの英文を完成させましょう。
　　　　　　　　に入れる教科と曜日は，　　　　　　　から選んで書きましょう。　〈1つ10点〉

教科	English	math	music
曜日	Mondays	Wednesdays	Thursdays

(1)

時間＼曜日	月	火	水	木
1	国語	理科	道徳	国語
2	体育	家庭科	社会	(算数)
3	書写	国語	理科	図工
4	英語	社会	音楽	図工

I have ＿＿＿＿＿＿＿＿

on ＿＿＿＿＿＿＿＿ .

木曜日には算数があります。

(2)

時間＼曜日	月	火	水	木
1	国語	理科	道徳	国語
2	体育	家庭科	社会	算数
3	書写	国語	理科	図工
4	(英語)	社会	音楽	図工

I have ＿＿＿＿＿＿＿＿

on ＿＿＿＿＿＿＿＿ .

月曜日には英語があります。

(3)

時間＼曜日	月	火	水	木
1	国語	理科	道徳	国語
2	体育	家庭科	社会	算数
3	書写	国語	理科	図工
4	英語	社会	(音楽)	図工

I have ＿＿＿＿＿＿＿＿

on ＿＿＿＿＿＿＿＿ .

水曜日には音楽があります。

©くもん出版

3 質問の答えを，〔　　　〕から選んで〔　　　〕に書きましょう。　　　　〈1つ8点〉

I go to bed at eleven.　I have calligraphy on Fridays.
I eat breakfast at seven thirty.

(1) What do you have on Fridays?

　　　　　　　　　　　　　　　　　　　　　　　　金曜日には書写があります。

(2) What time do you eat breakfast?

　　　　　　　　　　　　　　　　　　　　　　　　わたしは7時30分に朝食を食べます。

(3) Do you go to bed at ten?

No.

　　　　　　　　　　　　　　　　　　　　　　　　いいえ。わたしは11時にねます。

4 絵を見て，（　　）の中の言葉をならべかえ，英文を完成させましょう。(3) は，文の
最後にピリオドを書きましょう。　　　　　　　　　〈1つ10点〉

(1) (the dog, walk, I) at four.

at four.

　　　　　　　　　　　　　　　　　　　　　　　　わたしは4時に犬を散歩させます。

(2) (I, a bath, take) at six.

at six.

　　　　　　　　　　　　　　　　　　　　　　　　ぼくは6時におふろに入ります。

(3)

曜日 時間	月	火
1	国語	理科
2	(体育)	家庭科
3	書写	国語

I have (on, P.E., Mondays).

I have

　　　　　　　　　　　　　　　　　　　　　　　　月曜日には体育があります。

かれはわたしの友達です。

He is my friend.

月　日　時　分〜　時　分

name

点

 57

1 音声を聞きましょう。

This is Ken.

こちらはケンです。

He is my friend.

かれはわたしの友達です。

Point! ....

★ He[She] is 〜.　「かれは〜です」は He is 〜. で，「かの女は〜です」は She is 〜. で表します。

2 音声を聞いて，まねして言いましょう。次に，もう一度言ってから書きましょう。

〈1つ10点〉

①

This is Masao.　この人はマサオです。

He is my father.

かれはわたしのお父さんです。

②

This is Yoko.　この人はヨウコです。

She is my mother.

かの女はぼくのお母さんです。

③

This is Saburo.　この人はサブロウです。

He is my grandfather.

かれはわたしのおじいさんです。

★ This is 〜. は，「こちらは〜です」「この人は〜です」と人をしょうかいするときの言い方です。

Words & Phrases　this：こちらは，この人は　he：かれは　friend：友達　father：お父さん
she：かの女は　mother：お母さん　grandfather：おじいさん

©くもん出版

3 音声を聞いて，まねして言いましょう。次に，もう一度言ってから書きましょう。

〈1つ14点〉

①

This is Fumi.

この人はフミです。

She is my grandmother.

かの女はぼくのおばあさんです。

②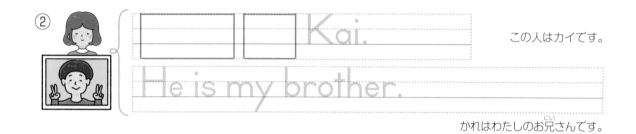

□□ □ Kai.

この人はカイです。

He is my brother.

かれはわたしのお兄さんです。

③

□□ □ Mayu.

この人はマユです。

□□ □ my sister.

かの女はぼくのお姉さんです。

④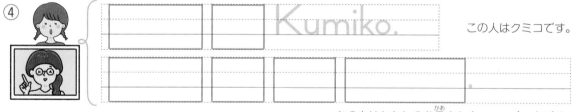

□□ □ Kumiko.

この人はクミコです。

□□ □□ □□ □□.

かの女はわたしのお母さん（my mother）です。

⑤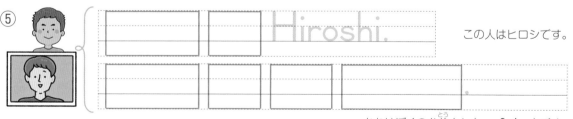

□□ □ Hiroshi.

この人はヒロシです。

□□ □□ □□ □□.

かれはぼくのお父さん（my father）です。

月　日　　時　分〜　時　分

name

点

🔊 59

1 音声を聞きましょう。

He is my father.
かれはわたしのお父さんです。

He is a teacher.
かれは教師です。

Point! ....

★ a teacher　　職業を表す言葉の前には，a か an をつけます。

2 音声を聞いて，まねして言いましょう。次に，もう一度言ってから書きましょう。

〈1つ8点〉

①

She is my mother.
かの女はぼくのお母さんです。

She is a florist.

かの女は花屋です。

②

He is my brother.
かれはわたしのお兄さんです。

He is a baseball player.

かれは野球選手です。

③

She is my sister.
かの女はぼくのお姉さんです。

She is a singer.

かの女は歌手です。

④

He is my grandfather.
かれはわたしのおじいさんです。

He is a vet.

かれはじゅう医です。

Words & Phrases　teacher：教師，先生　florist：花屋（の店員）　player：選手　singer：歌手
vet：じゅう医

©くもん出版

3 音声を聞いて，まねして言いましょう。次に，もう一度言ってから書きましょう。

★職業は，124ページを見ながら書きましょう。 〈1つ10点〉

① She is my mother. かの女はぼくのお母さんです。

She is a bus driver.

かの女はバスの運転手です。

② He is my brother. かれはわたしのお兄さんです。

He is a soccer

かれはサッカー選手です。

③ She is my sister. かの女はぼくのお姉さんです。

She is a

かの女はパン職人です。

④ He is my grandfather. かれはわたしのおじいさんです。

He is a

かれは医者です。

⑤ She is my grandmother. かの女はぼくのおばあさんです。

She is

かの女は農場経営者です。

4 あなたの家族を1人選び，その人の職業を英語で書きましょう。He か She で書き始めましょう。

★職業は，124ページを見ながら書きましょう。 〈18点〉

is my

is

Words & Phrases　bus driver：バスの運転手　baker：パン職人　doctor：医者　farmer：農場経営者

61

1 音声を聞きましょう。

He is Ken.
かれはケンです。

He is good at soccer.
かれはサッカーが得意です。

Point!

★ is good at 〜　　友達や家族の得意なことを言いたいときは，is good at 〜 で表します。

2 音声を聞いて，まねして言いましょう。次に，もう一度言ってから書きましょう。

〈1つ9点〉

①

She is Misato.
かの女はミサトです。

She is good at table tennis.
かの女は卓球が得意です。

② He is my brother.
かれはぼくのお兄さんです。

He is good at baseball.
かれは野球が得意です。

③ He is Shota.
かれはショウタです。

He is good at cooking.
かれは料理が得意です。

④

She is my sister.
かの女はぼくのお姉さんです。

She is good at swimming.
かの女は水泳が得意です。

Words & Phrases　　is good at 〜：〜が得意だ　cooking：料理

3 音声を聞いて，まねして言いましょう。次に，もう一度言ってから書きましょう。

〈1つ12点〉

① He is Ken.
かれはケンです。

He is good at soccer.
かれはサッカーが得意です。

② She is Sayaka.
かの女はサヤカです。

She is ☐ at fishing.
かの女はつりが得意です。

③ He is my father.
かれはわたしのお父さんです。

He ☐ ☐ ☐ basketball.
かれはバスケットボールが得意です。

④ She is my mother.
かの女はわたしのお母さんです。

☐ ☐ ☐ ☐ tennis.
かの女はテニスが得意です。

4 絵の中の人物が話しています。合う英語を，☐から選んで────に書きましょう。

〈16点〉

He is good at cooking.
He is a soccer player.

★文の最後にはピリオドをつけよう。

Words & Phrases　　fishing：つり

©くもん出版

62

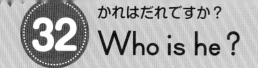

 63

1 音声を聞きましょう。

 {
Who is he？
かれはだれですか？

 {
He is my friend.
かれはわたしの友達です。

Point！

★ **Who is 〜？**　「〜はだれですか？」とたずねるときは，Who is 〜？で表します。答えるときは，名前や自分との関係を言います。

2 音声を聞いて，まねして言いましょう。次に，もう一度言ってから書きましょう。

〈1つ8点〉

① { Who is **she**？

 { She is my sister.

かの女はだれですか？
かの女はぼくの妹です。

② { Who is **he**？

 { He is Tatsuya.

かれはだれですか？
かれはタツヤです。

③ { Who is **that girl**？

 { She is Fuka.

あの女の子はだれですか？
かの女はフウカです。

④ { Who is **that boy**？

{ He is my brother.

あの男の子はだれですか？
かれはわたしの弟です。

Words & Phrases　who：だれ　that：あの，その　girl：女の子　boy：男の子

©くもん出版

3 音声を聞いて，まねして言いましょう。次に，もう一度言ってから書きましょう。

〈1つ10点〉

①  { Who is he ?

かれはだれですか？

{ He is my friend.

かれはわたしの友達です。

② { Who is she ?

かの女はだれですか？

{ She is my mother.

かの女はぼくのお母さんです。

③ { [　　] is that boy ?

あの男の子はだれですか？

{ He is Juntaro.

かれはジュンタロウです。

④ { [　　] [　] that girl ?

あの女の子はだれですか？

{ She is Misato.

かの女はミサトです。

⑤ { [　　] [　] [　] ?

かれはだれですか？

{ He is Yuto.

かれはユウトです。

4 絵を見て，男の子の答えを，[　　]から選んで――に書きましょう。 〈18点〉

Who is she ?

He is Daichi.　　She is Chika.

★文の最後にはピリオドをつけよう。

©くもん出版

64

1 音声を聞いて，合う絵をア〜エから選び，（　　）に記号を書きましょう。　〈1つ8点〉

ア 　　イ

ウ 　　エ

(1) (　　　　)　　(2) (　　　　)　　(3) (　　　　)　　(4) (　　　　)

2 マリが3人の人物をしょうかいします。音声を聞いて，その人物の名前と，マリとの関係を線で結びましょう。　〈1つ8点〉

〈 名前 〉　　〈 マリとの関係 〉

(1)  ●　　● Kota ●　　● my father

(2)  ●　　● Akio ●　　● my sister

(3)  ●　　● Shizuka ●　　● my friend

©くもん出版

3 タツヤがユウナに，ユウナの家族についてたずねています。それぞれ，どの人物のことを言っているのでしょう。図から選び，（　）に記号を書きましょう。 〈1つ8点〉

(1) Who is he? —He is my father. （　　）

(2) Who is she? —She is my sister. （　　）

(3) Who is she? —She is my grandmother. （　　）

4 ケイタとリンが自分の家族をしょうかいしています。プロフィールを見て，（　）から合うほうの言葉を選び， ‗‗‗‗に書きましょう。 〈1つ10点〉

(1)
ケイタ

プロフィール
ハルコ
母
花屋

This is Haruko.

‗‗‗‗‗‗‗‗ is my mother.

(She, He)

She is a florist.

(2)
リン

プロフィール
ケント
兄
サッカーが得意

This is Kento.

He is my brother.

He is good at ‗‗‗‗‗‗.

(tennis, soccer)

34 わたしはテニスができます。
I can play tennis.

 67

1 音声を聞きましょう。

I can play tennis.
わたしはテニスができます。

Point!

★ I can 〜 .　　「わたしは〜できます」は I can 〜 . で表します。

2 音声を聞いて、まねして言いましょう。次に、もう一度言ってから書きましょう。

〈1つ10点〉

① I can play the guitar.
わたしはギターがひけます。

② I can play soccer.
ぼくはサッカーができます。

③ I can swim fast.
わたしは速く泳げます。

④ I can dance well.
ぼくは上手にダンスができます。

⑤ I can jump high.
わたしは高くとべます。

★ play は「(スポーツを) する」「(楽器を) 演奏する」と言うときに使います。
「楽器を演奏する」という意味のときは、楽器を表す言葉の前に the をつけます。

 **Words & Phrases**
can：〜 (することが) できる　guitar：ギター　swim：泳ぐ　fast：速く
dance：おどる、ダンスする　well：上手に　jump：とぶ　high：高く

©くもん出版

3 音声を聞いて，まねして言いましょう。次に，もう一度言ってから書きましょう。

★動作は，128ページを見ながら書きましょう。〈1つ12点〉

① I can play the piano.

わたしはピアノがひけます。

I can play the recorder.

わたしはリコーダーがふけます。

② I ___ ski well.

ぼくは上手にスキーができます。

___ ___ skate well.

ぼくは上手にスケートができます。

③ ___ ___ run fast.

わたしは速く走れます。

___ ___ ___ ___ .

わたしは速く泳げます。

4 絵の中の人物が話しています。合う英語を，[ ]から選んで——に書きましょう。

〈14点〉

> I can play tennis.
> I can play baseball.

★文の最後にはピリオドをつけよう。

Words & Phrases　piano：ピアノ　recorder：リコーダー　ski：スキーをする　skate：スケートをする
run：走る

1 音声を聞きましょう。

Can you play tennis?
あなたはテニスができますか？

Yes, I can.
はい，できます。

No, I can't.
いいえ，できません。

Point!

★ Can you 〜?

「あなたは〜できますか？」は Can you 〜? で表します。答えは，「はい」→ Yes, I can.　「いいえ」→ No, I can't. です。

2 音声を聞いて，まねして言いましょう。次に，もう一度言ってから書きましょう。

〈1つ12点〉

① Can you play the drums?
あなたはドラムをたたくことができますか？

Yes, I can.
はい，できます。

② Can you run fast?
あなたは速く走ることができますか？

No, I can't.
いいえ，できません。

③ Can you cook well?
あなたは上手に料理ができますか？

Yes, I can.
はい，できます。

Words & Phrases　　can't：〜（することが）できない　drum：ドラム，たいこ　cook：料理する

3 音声を聞いて，まねして言いましょう。次に，もう一度言ってから書きましょう。

〈1つ16点〉

① Can you play soccer well?

あなたは上手にサッカーができますか？

No, I can't.

いいえ，できません。

② ☐ you swim fast?

あなたは速く泳ぐことができますか？

Yes, ☐ ☐ .

はい，できます。

③ ☐ ☐ sing well?

あなたは上手に歌うことができますか？

☐ , ☐ ☐ .

いいえ，できません。

4 絵を見て，男の子のせりふの（　　）に合う英語を，☐ から選んで ＿＿＿＿ に書きましょう。

〈16点〉

Can you play the piano?

No. (　　　　)

I can play the guitar.
I can play the piano.

★文の最後にはピリオドをつけよう。

🔊 71

1 音声を聞きましょう。

I can play tennis.
わたしはテニスができます。

He can play soccer.
かれはサッカーができます。

Point! ....

★ He[She] can 〜.

「かれは〜できます」は He can 〜. で、「かの女は〜できます」は She can 〜. で表します。

2 音声を聞いて、まねして言いましょう。次に、もう一度言ってから書きましょう。

〈1つ6点〉

① I can play volleyball.　　　ぼくはバレーボールができます。

She can play volleyball.

かの女はバレーボールができます。

② I can swim fast.　　　わたしは速く泳げます。

He can swim fast.

かれは速く泳げます。

③ I can cook tempura.　　　ぼくはてんぷらを料理できます。

She can cook tempura.

かの女はてんぷらを料理できます。

④ I can jump high.　　　わたしは高くとべます。

He can jump high.

かれは高くとべます。

〈①②は1つ8点，③〜⑦は1つ12点〉

① I can play tennis.　わたしはテニスができます。

He can play soccer.

かれはサッカーができます。

② I can play the violin.　ぼくはバイオリンがひけます。

She can play the guitar.

かの女はギターがひけます。

③ I can ski well.　わたしは上手にスキーができます。

She ☐ skate well.

かの女は上手にスケートができます。

④ I can dance well.　わたしは上手にダンスができます。

☐ ☐ sing well.

かの女は上手に歌えます。

⑤ I can swim fast.　ぼくは速く泳げます。

☐ ☐ run fast.

かれは速く走れます。

⑥ I can play table tennis.　わたしは卓球ができます。

☐ ☐ ☐ badminton.

かれはバドミントンができます。

⑦ I can play the piano.　ぼくはピアノがひけます。

☐ ☐ ☐ the ☐.

かの女はギターがひけます。

ぼくはテニスができません。
I can't play tennis.

月　日　　時　分〜　時　分
name
点

 73

1 音声を聞きましょう。

{ ## I can't play tennis.
ぼくはテニスができません。

Point!

★ **I can't 〜.**　　「わたしは〜できません」と言うときは，can のかわりに can't を使って，I can't 〜. で表します。

2 音声を聞いて，まねして言いましょう。次に，もう一度言ってから書きましょう。

〈1つ6点〉

①
I can't play baseball.

ぼくは野球ができません。

②
I can't ski.

わたしはスキーができません。

③
I can't cook.

わたしは料理ができません。

④
She can't swim.

かの女は泳げません。

⑤
He can't play the violin.

かれはバイオリンがひけません。

★ 「かれは〜できません」は He can't 〜. で，「かの女は〜できません」は She can't 〜. で表します。

©くもん出版

3 音声を聞いて，まねして言いましょう。次に，もう一度言ってから書きましょう。

〈1つ10点〉

① He can play tennis.

I can't play tennis.

かれはテニスができます。

わたしはテニスができません。

② I can dance well.

She can't dance well.

ぼくは上手にダンスができます。

かの女は上手にダンスができません。

③ She can sing well.

☐☐ ☐☐ sing well.

かの女は上手に歌えます。

かれは上手に歌えません。

④ He can play the piano.

☐☐☐ play the piano.

かれはピアノがひけます。

わたしはピアノがひけません。

⑤ I can run fast.

☐☐ ☐☐ run fast.

ぼくは速く走れます。

かの女は速く走れません。

4 絵の中の人物が話しています。合う英語を，☐☐☐から選んで＿＿＿に書きましょう。

〈20点〉

I can skate well.

I can't skate well.

★文の最後にはピリオドをつけよう。

🔊 75

1 音声を聞いて，絵と英語が合っていれば○，合っていなければ×を，（　　）に書きましょう。　〈1つ8点〉

(1)
ダイチ
（　　　　）

(2)
ユウナ
（　　　　）

(3)
ソウタ
（　　　　）

(4)
ミサト
（　　　　）

2 音声の質問を聞き，それぞれの人物に合う英語を，　　　　　から選んで＿＿＿に書きましょう。　〈1つ10点〉

She can't skate well.　　He can skate well.

(1) フウカ

　　かの女は上手にスケートができません。

(2) シン

　　かれは上手にスケートができます。

3 絵を見て，=====に can か can't を書きましょう。　　　〈1つ12点〉

(1)

Can you play basketball well, Amie?

あなたは上手にバスケットボールができますか，アミー？

—No. I ========= play basketball

well.

いいえ。わたしは上手にバスケットボールができません。

(2)

Can you jump high, Tatsuya?

あなたは高くとべますか，タツヤ？

—Yes. I ========= jump high.

はい。ぼくは高くとべます。

4 絵に合うように，=====に入る言葉を，□□□□から選んで書きましょう。

〈1つ12点〉

can　　can't　　play　　cook

(1)

This is Masaki.

He ===== ===== well.

かれは上手に料理ができます。

(2)

This is Natsu.

She ===== ===== the violin.

かの女はバイオリンがひけません。

39

わたしはピザが食べたいです。
I want to eat pizza.

月 日　時　分～　時　分
name
点

77

1 音声を聞きましょう。

I want to eat pizza.
わたしはピザが食べたいです。

Point! ....

★ I want to 〜.　「わたしは〜したいです」は I want to 〜. で表します。to の後ろに動作を表す言葉を続けます。

2 音声を聞いて，まねして言いましょう。次に，もう一度言ってから書きましょう。

〈1つ8点〉

①
I want to eat a hamburger.
ぼくはハンバーガーが食べたいです。

②
I want to buy a hat.
わたしはぼうしを買いたいです。

③
I want to see a castle.
ぼくはお城が見たいです。

④
I want to eat chocolate.
わたしはチョコレートが食べたいです。

Words & Phrases　hamburger：ハンバーガー　buy：買う　hat：(ふちのある)ぼうし　see：見る
castle：城

©くもん出版

3 音声を聞いて，まねして言いましょう。次に，もう一度言ってから書きましょう。

〈1つ10点〉

① I want to eat pizza.

わたしはピザが食べたいです。

② ☐ ☐ to see an old temple.

ぼくは古いお寺が見たいです。

③ ☐ ☐ ☐ buy a notebook.

わたしはノートを買いたいです。

④ ☐ ☐ ☐ curry.

ぼくはカレーが食べたいです。

⑤ ☐ ☐ ☐ a panda.

ぼくはパンダが見たいです。

4 絵の中の人物が話しています。合う英語を，☐から選んで┄┄に書きましょう。

〈18点〉

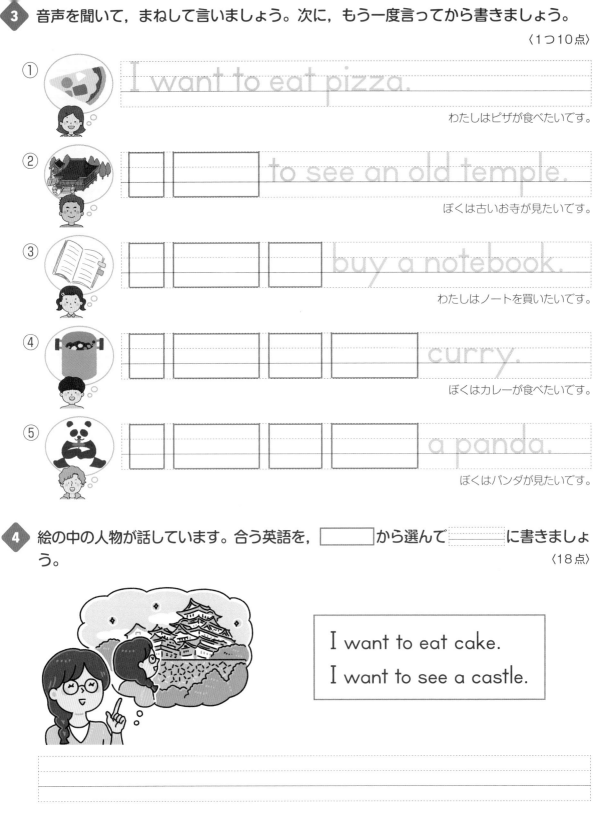

I want to eat cake.

I want to see a castle.

★文の最後にはピリオドをつけよう。

40

あなたは何が食べたいですか？

What do you want to eat?

月 日　時 分〜 時 分

name

点

🔊 79

1 音声を聞きましょう。

What do you want to eat?
あなたは何が食べたいですか？

I want to eat pizza.
わたしはピザが食べたいです。

Point!

★ **What do you want to 〜?**　「あなたは何を〜したいですか？」は What do you want to 〜? で表します。

2 音声を聞いて、まねして言いましょう。次に、もう一度言ってから書きましょう。

〈1つ12点〉

①
What do you want to see?

あなたは何が見たいですか？

I want to see a dolphin.

ぼくはいるかが見たいです。

②
What do you want to buy?

あなたは何を買いたいですか？

I want to buy a new bag.

わたしは新しいバッグを買いたいです。

③
What do you want to eat?

あなたは何が食べたいですか？

I want to eat noodles.

ぼくはめん類が食べたいです。

Words & Phrases　　dolphin：いるか　bag：バッグ, かばん　noodles：めん (類)

©くもん出版

3 音声を聞いて，まねして言いましょう。次に，もう一度言ってから書きましょう。

〈1つ16点〉

①  What do you want to buy ?

あなたは何を買いたいですか？

I want to buy a comic book.　ぼくはマンガ本を買いたいです。

② ☐ do you want to see ?

あなたは何が見たいですか？

I want to see an old shrine.　わたしは古い神社が見たいです。

③ ☐ do you ☐ to eat ?

あなたは何が食べたいですか？

I want to eat curry.　ぼくはカレーが食べたいです。

4 絵の中の人物が話しています。合う英語を，☐から選んで━━━に書きましょう。

〈16点〉

I want to see a panda.
I want to buy a cap.

★文の最後にはピリオドをつけよう。

41

ぼくは動物園に行きたいです。

I want to go to a zoo.

月　日　時　分〜　時　分

name

点

1 音声を聞きましょう。

 81

I want to go to a zoo.

ぼくは動物園に行きたいです。

Point! ....

★ I want to go to 〜.

「わたしは〜へ行きたいです」と言うときは，I want to go to 〜. で表します。

2 音声を聞いて，まねして言いましょう。次に，もう一度言ってから書きましょう。

〈1つ8点〉

① I want to go to an amusement

park.

ぼくは遊園地に行きたいです。

② I want to go to a stadium.

わたしはスタジアムに行きたいです。

③ I want to go to a supermarket.

わたしはスーパーマーケットに行きたいです。

④ I want to go to a convenience

store.

ぼくはコンビニエンスストアに行きたいです。

 **Words & Phrases**

go to 〜：〜に行く　zoo：動物園　amusement park：遊園地　stadium：スタジアム
supermarket：スーパーマーケット　convenience store：コンビニエンスストア

©くもん出版

3 音声を聞いて，まねして言いましょう。次に，もう一度言ってから書きましょう。

〈1つ10点〉

① I want to go to a library.

わたしは図書館に行きたいです。

② I ☐ to go to an aquarium.

ぼくは水族館に行きたいです。

③ I ☐ ☐ go to a bookstore.

わたしは本屋に行きたいです。

④ I ☐ ☐ ☐ ☐ a zoo.

ぼくは動物園に行きたいです。

⑤ ☐ ☐ ☐ ☐ ☐ a post office.

わたしは郵便局に行きたいです。

4 絵の中の人物が話しています。合う英語を，☐ から選んで _____ に書きましょう。

〈18点〉

I want to go to a zoo.
I want to go to an aquarium.

★文の最後にはピリオドをつけよう。

Words & Phrases　library：図書館　aquarium：水族館　bookstore：本屋　post office：郵便局

🔊 83

1 音声を聞きましょう。

Where do you want to go?
あなたはどこに行きたいですか？

I want to go to a temple.
わたしはお寺に行きたいです。

Point! ....

★ Where do you want to go?

「あなたはどこに行きたいですか？」は
Where do you want to go? で表します。

2 音声を聞いて，まねして言いましょう。次に，もう一度言ってから書きましょう。

〈1つ12点〉

①
Where **do you** want to go?
あなたはどこに行きたいですか？

I want to go to a bookstore.
ぼくは本屋に行きたいです。

②
Where **do you** want to go?
あなたはどこに行きたいですか？

I want to go to a stadium.
わたしはスタジアムに行きたいです。

③
Where **do you** want to go?
あなたはどこに行きたいですか？

I want to go to a museum.
ぼくは美術館に行きたいです。

Words & Phrases　　where：どこに　museum：美術館，博物館

©くもん出版

3 音声を聞いて，まねして言いましょう。次に，もう一度言ってから書きましょう。

〈1つ15点〉

① Where do you want to go?

あなたはどこに行きたいですか？

I want to go to a flower shop.　わたしは花屋に行きたいです。

② ___ do you ___ | ___ go?

あなたはどこに行きたいですか？

I want to go to a zoo.　ぼくは動物園に行きたいです。

③ ___ do you ___ | ___ | ___ ?

あなたはどこに行きたいですか？

I want to go to an aquarium.　わたしは水族館に行きたいです。

4 絵を見て，女の子の質問を，[　　]から選んで......に書きましょう。　〈19点〉

I want to
go to a post
office.

What do you want to buy?
Where do you want to go?

★文の最後にはクエスチョン・マークをつけよう。

Words & Phrases　flower shop：花屋

©くもん出版

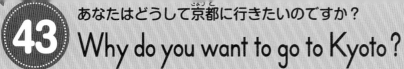

43 あなたはどうして京都に行きたいのですか？
Why do you want to go to Kyoto?

 85

1 音声を聞きましょう。

Why do you want to go to Kyoto?
あなたはどうして京都に行きたいのですか？

I want to see old temples.
わたしは古いお寺が見たいのです。

Point!

★ **Why do you want to go to〜？**　「あなたはどうして〜に行きたいのですか？」は Why do you want to go to〜？で表します。

2 音声を聞いて，まねして言いましょう。次に，もう一度言ってから書きましょう。

〈1つ20点〉

①
Why do you want to go to the zoo?
あなたはどうして動物園に行きたいのですか？

I can see koalas.
わたしはコアラを見ることができます。

②
Why do you want to go to that restaurant?
あなたはどうしてそのレストランに行きたいのですか？

I want to eat curry.
ぼくはカレーが食べたいのです。

★ 会話をしている人たちの間で決まっている場所について言うときは，the をつけます。

Words & Phrases　why：どうして，なぜ　koala：コアラ　restaurant：レストラン

©くもん出版

3 音声を聞いて，まねして言いましょう。次に，もう一度言ってから書きましょう。

〈1つ20点〉

①

Why do you want to go to
the department store？

あなたはどうしてデパートに行きたいのですか？

I want to buy new shoes.　わたしは新しいくつを買いたいのです。

②

☐☐☐☐☐ go to
the aquarium？

あなたはどうして水族館に行きたいのですか？

I can see dolphins.　ぼくはいるかを見ることができます。

4 絵を見て，女の人の質問を， ☐☐☐ から選んで ‥‥‥‥ に書きましょう。 〈20点〉

I want to
play soccer.

Why do you want to
go to the stadium？
What fruit do you like？

★ 文の最後にはクエスチョン・マークをつけよう。

Words & Phrases　department store：デパート　shoes：くつ

🔊 87

1 音声を聞いて，絵と英語が合っていれば○，合っていなければ×を，（　）に書きましょう。 〈1つ8点〉

(1)

（　　　）

(2)

（　　　）

(3)

（　　　）

(4)

（　　　）

2 音声を聞いて，アミーの行きたいところと買いたいものを，　　　　　から選んで　　　　　　に書きましょう。 〈1つ10点〉

行きたいところ	stadium　　supermarket convenience store　　bookstore
買いたいもの	eraser　　apple　　comic book　　cap

(1) 行きたいところ

(2) 買いたいもの

©くもん出版

3 絵を見て，女の子の答えを，　　　　から選んで　　　　に書きましょう。

〈1つ8点〉

I want to eat noodles.

I want to go to a park.

I want to see a temple.

(1) Where do you want to go? あなたはどこに行きたいですか？

わたしは公園に行きたいです。

(2) Why do you want to go to Nara? あなたはどうして奈良に行きたいのですか？

わたしはお寺が見たいのです。

(3) What do you want to eat? あなたは何が食べたいですか？

わたしはめんが食べたいです。

4 絵の中の人物が，自分のしたいことについて話しています。　　　　に入る言葉を，　　　　から選んで書きましょう。

〈1つ12点〉

dolphin
aquarium
go　see

(1) I want to ＿＿＿＿ to an ＿＿＿＿ .

わたしは水族館に行きたいです。

(2) I want to ＿＿＿＿ a ＿＿＿＿ .

わたしはいるかが見たいです。

My cap is on the table.

月 日　時　分〜　時　分

name

点

🔊 89

1 音声を聞きましょう。

My cap is on the table.
ぼくのぼうしはテーブルの上にあります。

Point! ....

★ **on, in, under, by**　物のある場所や，人のいる場所を表すときは，on, in, under, by などを使います。

2 音声を聞いて，まねして言いましょう。次に，もう一度言ってから書きましょう。

〈1つ6点〉

①  My cat is on the bed.

わたしのねこはベッドの上にいます。

② My brother is in the park.

ぼくの弟は公園にいます。

③ My bag is under the chair.

わたしのかばんはいすの下にあります。

④ My clock is by the window.

ぼくの時計はまどのそばにあります。

⑤ My pen is in the desk.

わたしのペンはつくえの中にあります。

★ このとき，is は「(人・動物が)いる」，「(物が)ある」という意味を表します。

Words & Phrases　on：〜の上に　table：テーブル　bed：ベッド　in：〜の中に　park：公園
under：〜の下に　chair：いす　clock：(置き)時計　by：〜のそばに
window：まど　desk：つくえ

©くもん出版

3 音声を聞いて，まねして言いましょう。次に，もう一度言ってから書きましょう。

〈1つ9点〉

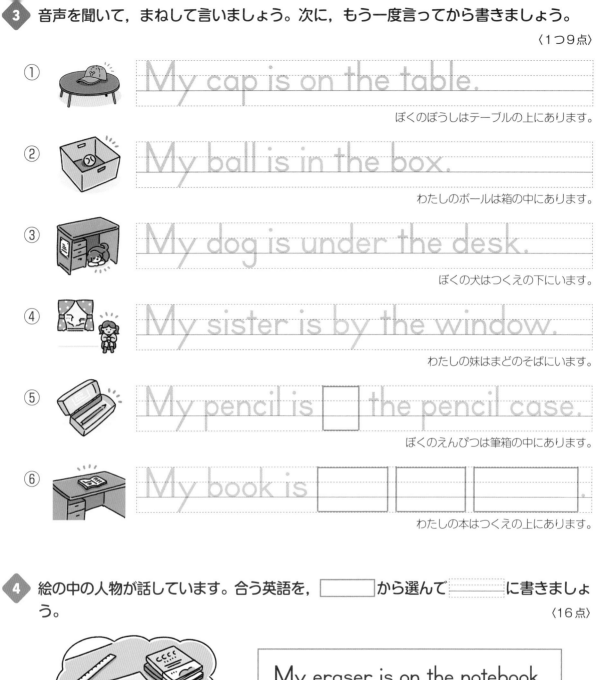

① My cap is on the table.

ぼくのぼうしはテーブルの上にあります。

② My ball is in the box.

わたしのボールは箱の中にあります。

③ My dog is under the desk.

ぼくの犬はつくえの下にいます。

④ My sister is by the window.

わたしの妹はまどのそばにいます。

⑤ My pencil is ☐ the pencil case.

ぼくのえんぴつは筆箱の中にあります。

⑥ My book is ☐ ☐ ☐.

わたしの本はつくえの上にあります。

4 絵の中の人物が話しています。合う英語を，☐ から選んで ──── に書きましょう。

〈16点〉

My eraser is on the notebook.
My eraser is under the book.

★文の最後にはピリオドをつけよう。

Words & Phrases　　box：箱

91

1 音声を聞きましょう。

Where is my cap？
ぼくのぼうしはどこにありますか？

It's on the table.
テーブルの上にあります。

Point!

★ **Where is ～？**
「どこにありますか[いますか]？」は，Where is ～？で表します。これには，It's on ～．のように場所を答えます。

2 音声を聞いて，まねして言いましょう。次に，もう一度言ってから書きましょう。

〈1つ10点〉

①
Where is my ball ?

わたしのボールはどこにありますか？

It's in the box.
箱の中にあります。

②
Where is my guitar ?

ぼくのギターはどこにありますか？

It's by the window.
まどのそばにあります。

③
Where is my hat ?

わたしのぼうしはどこにありますか？

It's under the table.
テーブルの下にあります。

★ it's は it is を短くちぢめた形です。it は，前に出てきたものを指して「それは」という意味を表します。

©くもん出版

3 音声を聞いて，まねして言いましょう。次に，もう一度言ってから書きましょう。

〈1つ13点〉

① Where is my glove ?

わたしのグローブはどこにありますか？

It's on the desk.

つくえの上にあります。

② _____ my book ?

ぼくの本はどこにありますか？

It's under the chair.

いすの下にあります。

③ _____ my cup ?

わたしのカップはどこにありますか？

It's by the book.

本のそばにあります。

④ _____ watch ?

ぼくのうで時計はどこにありますか？

It's under the table.

テーブルの下にあります。

4 絵の中の人物がたずねています。合う英語を，□□□から選んで ＝＝＝に書きましょう。

〈18点〉

Where is my cap ?
Where is my bag ?

★ 文の最後にはクエスチョン・マークをつけよう。

Go straight.

月 日　時 分〜 時 分
name
点

🔊 93

1 音声を聞きましょう。

Where is the station？　駅はどこにありますか？

Go straight.　まっすぐ行ってください。

Turn left at the second corner.

2つ目の角を左に曲がってください。

Point!

★ Go straight. など　道案内をするときは，Go straight. / Turn 〜 at .... などを使って言います。

2 音声を聞いて，まねして言いましょう。次に，もう一度言ってから書きましょう。

〈1つ10点〉

① Where is the bookstore？　本屋はどこにありますか？

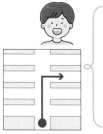

Go straight.

まっすぐ行ってください。

Turn right at the third corner.

3つ目の角を右に曲がってください。

② Where is the hospital？　病院はどこにありますか？

Go straight.

まっすぐ行ってください。

Turn left at the fourth corner.

4つ目の角を左に曲がってください。

Words & Phrases　straight：まっすぐに　station：駅　turn：曲がる　left：左に　at：〜で
second：2つ目の　corner：角　right：右に　third：3つ目の　hospital：病院
fourth：4つ目の

©くもん出版

3 音声を聞いて，まねして言いましょう。次に，もう一度言ってから書きましょう。

〈1つ20点〉

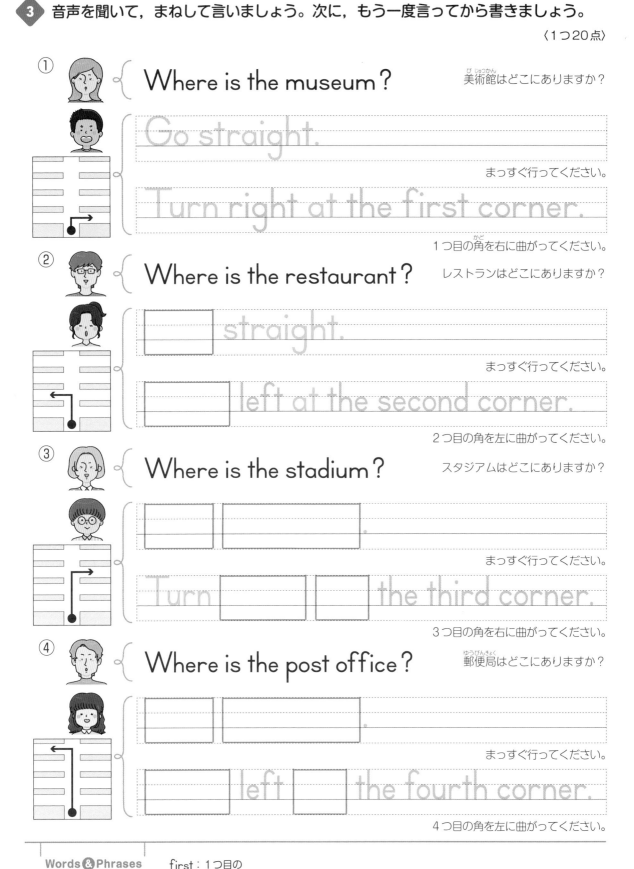

① Where is the museum? 美術館はどこにありますか？

Go straight.

まっすぐ行ってください。

Turn right at the first corner.

1つ目の角を右に曲がってください。

② Where is the restaurant? レストランはどこにありますか？

☐ straight.

まっすぐ行ってください。

☐ left at the second corner.

2つ目の角を左に曲がってください。

③ Where is the stadium? スタジアムはどこにありますか？

☐ ☐ .

まっすぐ行ってください。

Turn ☐ ☐ the third corner.

3つ目の角を右に曲がってください。

④ Where is the post office? 郵便局はどこにありますか？

☐ ☐ .

まっすぐ行ってください。

☐ left ☐ the fourth corner.

4つ目の角を左に曲がってください。

Words & Phrases   first：1つ目の

©くもん出版

月　日　　時　分〜　時　分

name

点

🔊 95

1 音声を聞いて，合うほうの絵の記号を〇でかこみましょう。

〈1つ8点〉

(1) ア　　　　　イ

(2) ア　　　　　イ

(3) ア　　　　　イ

(4) ア　　　　　イ

2 音声を聞き，絵を見て，質問の答えを　　　　　から選んで，[＿＿＿＿]に書きましょう。
文の最後にはピリオドを書きましょう。

〈1つ12点〉

It's by the window.
It's on the desk.

(1)

（それは）つくえの上にあります。

(2)

（それは）まどのそばにあります。

©くもん出版

3 地図を見て、＿＿＿に入る言葉を、▨▨▨ から選んで書きましょう。　〈1つ10点〉

	スタジアム
病院	
	⬆

left	right	
first	second	third

(1) Where is the stadium?　スタジアムはどこにありますか？

—Go straight.　まっすぐ行ってください。

Turn ＿＿＿ at the ＿＿＿ corner.

3つ目の角を右に曲がってください。

(2) Where is the hospital?　病院はどこにありますか？

—Go straight.　まっすぐ行ってください。

Turn ＿＿＿ at the ＿＿＿ corner.

1つ目の角を左に曲がってください。

4 絵を参考にして、（　）の中の言葉を
ならべかえ、英文を完成させましょう。
文の最後にはピリオドを書きましょう。

〈1つ12点〉

(1) My book is (the, desk, on).

My book is ＿＿＿＿＿＿＿

わたしの本はつくえの上にあります。

(2) My notebook is (under, chair, the).

My notebook is ＿＿＿＿＿＿＿

わたしのノートはいすの下にあります。

🔊 97

1 音声を聞きましょう。

What would you like?
何になさいますか？

I'd like pizza.
ピザをいただきます。

Point! ·········

★ I'd like 〜.　　レストランなどで注文するときに使う言い方です。

2 音声を聞いて，まねして言いましょう。次に，もう一度言ってから書きましょう。

〈1つ12点〉

① What would you like?　　何になさいますか？

I'd like a hamburger.

ハンバーガーをいただきます。

② What would you like?　　何になさいますか？

I'd like coffee.

コーヒーをいただきます。

③ What would you like?　　何になさいますか？

I'd like ice cream.

アイスクリームをいただきます。

★ What would you like? は，レストランなどで店員が注文をとるときの決まった言い方です。

Words & Phrases　　What would you like?：何になさいますか？　I'd like 〜.：〜をいただきます。
ice cream：アイスクリーム

©くもん出版

3 音声を聞いて，まねして言いましょう。次に，もう一度言ってから書きましょう。

〈1つ15点〉

①

What would you like？　　　　何になさいますか？

I'd like spaghetti.

スパゲッティをいただきます。

② What would you like？　　　　何になさいますか？

☐ ☐ cake.

ケーキをいただきます。

③ What would you like？　　　　何になさいますか？

☐ ☐ orange juice.

オレンジジュースをいただきます。

4 絵を見て，男の子の答えを，☐☐☐から選んで⁝⁝⁝⁝⁝に書きましょう。　〈19点〉

What would
you like？

I'd like fried chicken.
I'd like curry and rice.

★文の最後にはピリオドをつけよう。

🔊 99

1 音声を聞きましょう。

I'd like bread.　　　　　　パンをいただきます。

How much is it?　　　　　いくらですか？

It's 100 yen.　　　　　　　100円です。

Point!

★ How much 〜?　　「いくらですか？」とねだんをたずねるときには，How much 〜？と言います。

2 音声を聞いて，まねして言いましょう。次に，もう一度言ってから書きましょう。

〈1つ12点〉

①  I'd like pizza.　　How much is it?

ピザをいただきます。いくらですか？

It's 500 yen.　　　　500円です。

② I'd like an omelet.　　How much is it?

オムレツをいただきます。いくらですか？

It's 400 yen.　　　　400円です。

③ I'd like ice cream.　　How much is it?

アイスクリームをいただきます。いくらですか？

It's 100 yen.　　　　100円です。

Words & Phrases　　how much：いくら　yen：円　omelet：オムレツ

©くもん出版

3 音声を聞いて，まねして言いましょう。次に，もう一度言ってから書きましょう。

〈1つ15点〉

①

I'd like milk. How much is it ?

牛乳をいただきます。いくらですか？

It's 100 yen.

100円です。

② I'd like salad. How _____ is it ?

サラダをいただきます。いくらですか？

It's 300 _____ .

300円です。

③ I'd like cake.

ケーキをいただきます。

_____ _____ is it ?

いくらですか？

It's 200 yen.

200円です。

4 絵を見て，男の子の質問を，□□□から選んで＿＿＿に書きましょう。〈19点〉

It's 300 yen.

How much is it ?
What would you like ?

★ 文の最後にはクエスチョン・マークをつけよう。

月 日　時 分〜 時 分

name

点

🔊 101

1 音声を聞いて，それぞれの人物が選んだものをメニューから選び，（　）に記号を書きましょう。　〈1つ8点〉

(1)

メグミ　（　　　）

(2)

タクヤ　（　　　）

(3)

ユウカ　（　　　）

2 音声を聞いて，それぞれの人物が選んだものと，そのねだんを　　　　から選び，　　　　に書きましょう。　〈1つ10点〉

料理	ice cream	pizza	milk
ねだん	500 yen	300 yen	100 yen

料理　　　　　　　　　　　　ねだん

(1)

(2)

(3)

©くもん出版

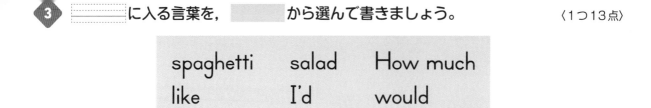

3 _____に入る言葉を、_____から選んで書きましょう。　〈1つ13点〉

| spaghetti | salad | How much |
| like | I'd | would |

(2) I'd like _____ a hamburger.
わたしはハンバーガーをいただきます。

What _____ you like?
あなたは何にしますか？

I'd like _____.
スパゲッティをいただきます。

(2) I'd like _____.
サラダをいただきます。

_____ is it?
いくらですか？

It's 300 yen.
300円です。

4 _____に入る言葉を、_____から選んで書きましょう。　〈1つ10点〉

| it | How | like | I'd | would |

What would you like?
何になさいますか？

① _____ _____ an omelet.
オムレツをいただきます。

② _____ much is _____?
いくらですか？

52 まとめ問題①

1 音声を聞いて，合う絵をア〜エから選び，（　　　）に記号を書きましょう。　〈1つ8点〉

ア　　　　　　　　　　　　　　　　　イ

ウ　　　　　　　　　　　　　　　　　エ

(1) (　　　　　)　　(2) (　　　　　)　　(3) (　　　　　)　　(4) (　　　　　)

2 音声を聞いて，名前と，好きなもの，または関係を線で結びましょう。　〈1つ10点〉

〈 名前 〉　　　　　〈 好きなもの 〉

・ Naomi ・　　　　・ volleyball

(1)  ・

・ Natsumi ・　　　　・ soccer

〈 名前 〉　　　　　〈 関係 〉

・ Akira ・　　　　・ brother

(2) ・

・ Daichi ・　　　　・ friend

©くもん出版

3 ＿＿＿＿に入る英語を， ＿＿＿＿から選んで書きましょう。 〈1つ8点〉

> Turn right at the second corner.
> I'd like pizza.
> I eat breakfast at seven fifteen.

(1) What would you like？　　　　何になさいますか？

＿＿＿＿＿＿＿＿＿＿＿＿＿＿＿＿＿＿＿＿＿＿

ピザをいただきます。

(2) What time do you eat breakfast？

あなたは何時に朝食を食べますか？

＿＿＿＿＿＿＿＿＿＿＿＿＿＿＿＿＿＿＿＿＿＿

ぼくは7時15分に朝食を食べます。

(3) Where is the bookstore？　　本屋はどこにありますか？

＿＿＿＿＿＿＿＿＿＿＿＿＿＿＿＿＿＿＿＿＿＿

2つ目の角を右に曲がってください。

4 プロフィールに合うように，（　　）から合うほうの英語を選び，＿＿＿＿に書きましょう。
〈1つ12点〉

(1)
| プロフィール |
| サクラ |
| 京都へ行きたい |

I'm Sakura.

I want to ＿＿＿＿＿ to Kyoto.

(see, go)

(2)
| プロフィール |
| マコト |
| 兄 |

This is Makoto.

He is my ＿＿＿＿＿ .

(brother, friend)

🔊 105

1 音声を聞いて，合うほうの絵の記号を○でかこみましょう。　　〈1つ4点〉

(1)　ア　　　　イ　　　　　(2)　ア　　　　イ

 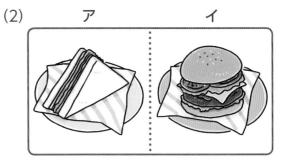

(3)　ア　　　　イ　　　　　(4)　ア　　　　イ

2 音声を聞いて，それぞれの人物のプロフィールの（　　）に日本語を書きましょう。

〈1つ8点〉

(1) ケイゴのプロフィール

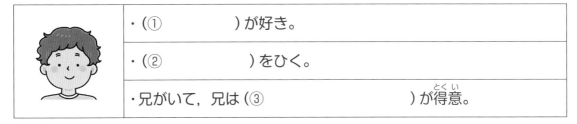

	・（① 　　　　）が好き。
	・（② 　　　　）をひく。
	・兄がいて，兄は（③ 　　　　）が得意。

(2) ミサキのプロフィール

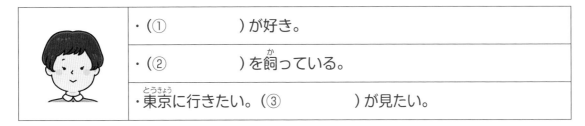

	・（① 　　　　）が好き。
	・（② 　　　　）を飼っている。
	・東京に行きたい。（③ 　　　　）が見たい。

3 _____ に入る英語を，それぞれ _____ から選んで _____ に書きましょう。

(1) 〈1つ6点〉

Do you have math on Wednesdays?

水曜日には算数がありますか？

_____

いいえ，ありません。

I have math on Fridays.

金曜日に算数があります。

Yes, I do.　　No, I don't.

(2)

Who is this girl?

この女の子はだれですか？

_____

かの女はマオです。

She is my sister.

かの女はわたしのお姉さんです。

No, she isn't.　　She is Mao.

4 次の絵はヒカルの日曜日の様子です。絵に合うように，（　　）の中の言葉をならべかえ，英文を完成させましょう。(3) は，文の最後にピリオドを書きましょう。　〈1つ8点〉

(1)  (2) (3)

(1) I (get, at, up) seven.

ぼくは7時に起きます。

I _____ seven.

(2) (I, walk, usually) the dog.

ぼくはたいてい犬を散歩させます。

_____ the dog.

(3) I always (the, dishes, wash).

ぼくはいつもお皿をあらいます。

I always _____

解答
かい とう

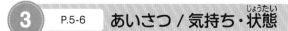

3 P.5-6 あいさつ / 気持ち・状態(じょうたい)

2 ①エ ②イ ③ア ④ウ

4 ①ウ ②エ ③イ ④カ ⑤ア ⑥オ

4 P.7-8 色・形・天気 / 数

2 ①オ ②ア ③カ ④エ ⑤イ ⑥ウ

4 ①イ ②ア ③ウ ④エ

5 P.9-10 食べ物・飲み物 / 果物(くだもの)・野菜など

2 ①カ ②イ ③エ ④ウ ⑤ア ⑥オ

4 ①オ ②カ ③ウ ④ア ⑤エ ⑥イ

6 P.11-12 スポーツ / 動物

2 ①イ ②ア ③エ ④ウ

4 ①イ ②エ ③カ ④ウ ⑤オ ⑥ア

7 P.13-14 曜日 / 身の回りのもの

2 ①ウ ②ア ③カ ④イ ⑤オ ⑥エ

4 ①イ ②エ ③ウ ④ア ⑤カ ⑥オ

8 P.15-16 What day is it today?

4 (例) It's Monday.

9 P.17-18 How's the weather?

4 (例) It's sunny.

10 P.19-20 What time is it?

4 (例) It's four thirty. (It's 4:30.)

11 P.21-22 確認問題①(かくにん)

1 (1) イ (2) ア (3) ア (4) イ

🔊 **読まれた英語**
(1) 男子：What day is it today?
　　女子：It's Monday.
(2) 男子：What time is it?
　　女子：It's five forty.
(3) 男子：How's the weather?
　　女子：It's sunny.
(4) 女子：How's the weather?
　　男子：It's cold.

▶ **ポイント**
(1) It's Monday. は「月曜日です」という意味です。
(2) five は「5」、forty は「40」を表します。five forty で「5時40分」という意味です。
(3) It's sunny. は「晴れています」という意味です。「雨がふっています」は It's rainy. で表します。
(4) It's cold. は「寒いです」という意味です。「暑いです」は It's hot. と表します。

2 (1) It's Wednesday.
　　(2) It's two thirty.
　　(3) It's snowy.

🔊 **読まれた英語**
(1) What day is it today?
(2) What time is it?
(3) How's the weather?

　　　　　　　　　　　　　　　　©くもん出版

(1) What day は「何曜日」という意味です。
(2) What time は「何時」という意味です。
(3) How's the weather? は「天気はどうですか?」という意味です。

 ウ

▶ ポイント
It's eleven ten. は「11時10分です」。It's Sunday today. は「今日は日曜日です」。It's rainy. は「雨がふっています」。下線を引いた部分全てと合うのはウです。

4
(1) cloudy
(2) three fifty
(3) Thursday

13 P.25-26 **Are you Aya?—Yes, I am.**

4 No, I'm not.

14 P.27-28 かくにん **確認問題②**

1 (1) イ (2) イ (3) ア (4) ア

🔊 **読まれた英語**
(1) I'm happy.
(2) I'm sleepy.
(3) I'm Saori.
(4) I'm Keita.

▶ ポイント
読まれた英語の意味は次のとおりです。
(1)「ぼくは楽しいです」 (2)「わたしはねむいです」
(3)「わたしはサオリです」 (4)「ぼくはケイタです」

2 (1) ア (2) エ (3) ウ (4) イ

🔊 **読まれた英語**
(1) 男子:Are you sad?
    女子:Yes, I am.
(2) 男子:Are you Yuka?
    女子:No, I'm not. I'm Fuka.
(3) 先生:Are you Shin?
    男子:Yes, I am.
(4) 先生:Are you Yumi?
    女子:No, I'm not. I'm Amie.

▶ ポイント
読まれた英語の意味は次のとおりです。
(1)「あなたは悲しいですか?」「はい,悲しいです」
(2)「あなたはユウカですか?」「いいえ,ちがいます。わたしはフウカです」
(3)「あなたはシンですか?」「はい,そうです」
(4)「あなたはユミですか?」「いいえ,ちがいます。わたしはアミーです」

3
(1) I'm hungry.
(2) I'm Rin.
(3) I'm busy.
(4) I'm Ryota.

4 (1) am (2) not

15 P.29-30 **I like soccer.**

4 I like soccer.

16 P.31-32 **I have a pencil.**

4 I want a crayon.

17 P.33-34 **I don't like volleyball.**

4 I don't like bread.

18 P.35-36 **Do you like tennis?**

4 Do you want pizza?

20 P.39-40 **What do you like?**

4 What do you have?

21 P.41-42 確認問題③

1 (1) ウ　(2) エ　(3) ア　(4) イ

🔊 **読まれた英語**

(1) I like tennis.
(2) 女子：Do you like milk？
　　男子：Yes, I do.
(3) 男子：Do you have a pen？
　　女子：No, I don't.
(4) 男子：What do you want？
　　女子：I want cake.

▶ **ポイント**
読まれた英語の意味は次のとおりです。
(1)「わたしはテニスが好きです」
(2)「あなたは牛乳が好きですか？」「はい，好きです」
(3)「あなたはペンを持っていますか？」「いいえ，持っていません」
(4)「あなたは何がほしいですか？」「わたしはケーキがほしいです」

2 (1) ア　(2) ウ　(3) イ　(4) エ

🔊 **読まれた英語**

(1) Do you like basketball？
(2) What sport do you like？
(3) Do you have an umbrella？
(4) What season do you like？

▶ **ポイント**
読まれた英語の意味は次のとおりです。
(1)「あなたはバスケットボールが好きですか？」　(2)「あなたは何のスポーツが好きですか？」　(3)「あなたはかさを持っていますか？」　(4)「あなたは何の季節が好きですか？」

3 (1) I have an old book.
　　(2) I like dogs.
　　(3) I want a new bike.

4 (1) Do　(2) you　(3) want

22 P.43-44 My birthday is January 5th.

4 (例) My birthday is August 28th.

23 P.45-46 When is your birthday？

4 When is your birthday？

24 P.47-48 確認問題④

1 (1) ア　(2) エ

🔊 **読まれた英語**

(1) My birthday is April 3rd.
(2) My birthday is February 10th.

▶ **ポイント**
(1)「わたしの誕生日は4月3日です」　4月は春なので，春の様子のアが答えです。
(2)「わたしの誕生日は2月10日です」　2月は冬なので，冬の様子のエが答えです。

2 (1) Shizuka ― May 12th
　　(2) Takuto ― October 3rd

🔊 **読まれた英語**

(1) 男子：Hello, Shizuka.
　　　　When is your birthday？
　　女子：Hello, Takashi.
　　　　My birthday is May 12th.
(2) 女子：Hi, Takuto.
　　　　When is your birthday？
　　男子：Hi, Marina.
　　　　My birthday is October 3rd.

▶ **ポイント**
読まれた英語の意味は次のとおりです。
(1)「こんにちは，シズカ。あなたの誕生日はいつですか？」「こんにちは，タカシ。わたしの誕生日は5月12日です」
(2)「こんにちは，タクト。あなたの誕生日はいつですか？」「やあ，マリナ。ぼくの誕生日は10月3日です」

3 ① When is your birthday？
　　② My birthday is September 8th.

25 P.49-50 I have math on Mondays.

4 I have English on Thursdays.

26 P.51-52 I get up at seven.

4 I do my homework at seven thirty.

27 P.53-54 What time do you get up?

4 What time do you eat dinner?

28 P.55-56 確認問題⑤

1 (1) ア　(2) イ

> 🔊 **読まれた英語**
>
> (1) I get up at seven thirty.
> (2) I go home at three.

▶ **ポイント**
読まれた英語の意味は次のとおりです。
(1)「ぼくは7時30分に起きます」
(2)「わたしは3時に家に帰ります」

2 (1) math, Thursdays
(2) English, Mondays
(3) music, Wednesdays

> 🔊 **読まれた英語**
>
> (1) What do you have on Thursdays?
> (2) What do you have on Mondays?
> (3) What do you have on Wednesdays?

▶ **ポイント**
読まれた英語の意味は次のとおりです。
(1)「木曜日には何がありますか?」
(2)「月曜日には何がありますか?」
(3)「水曜日には何がありますか?」
○のついた教科に合う英語を選びましょう。

3 (1) I have calligraphy on Fridays.
(2) I eat breakfast at seven thirty.
(3) I go to bed at eleven.

▶ **ポイント**
質問の意味は，次のとおりです。
(1)「金曜日には何がありますか?」
(2)「あなたは何時に朝食を食べますか?」
(3)「あなたは10時にねますか?」

4 (1) I walk the dog at four.
(2) I take a bath at six.
(3) I have P.E. on Mondays.

30 P.59-60 He is a teacher.

4 (例) <u>She</u> is my <u>mother</u>.　<u>She</u> is <u>a teacher</u>.

31 P.61-62 He is good at soccer.

4 He is good at cooking.

32 P.63-64 Who is he?

4 She is Chika.

33 P.65-66 確認問題⑥

1 (1) エ　(2) イ　(3) ア　(4) ウ

> 🔊 **読まれた英語**
>
> (1) He is my brother.
>   He is a soccer player.
> (2) She is my grandmother.
>   She is a teacher.
> (3) She is my mother.　She is a doctor.
> (4) He is my brother.　He is a singer.

▶ **ポイント**
読まれた英語の意味は次のとおりです。
(1)「かれはわたしのお兄さんです。かれはサッカー選手です」
(2)「かの女はわたしのおばあさんです。かの女は教師です」
(3)「かの女はわたしのお母さんです。かの女は医者です」
(4)「かれはわたしのお兄さんです。かれは歌手です」

2
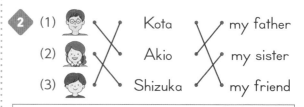

(1) 　Kota　　　my father
(2) 　Akio　　　my sister
(3) 　Shizuka　 my friend

> 🔊 **読まれた英語**
>
> (1) This is Akio.　He is my father.
> (2) This is Shizuka.　She is my sister.
> (3) This is Kota.　He is my friend.

▶ **ポイント**
読まれた英語の意味は次のとおりです。
(1)「こちらはアキオです。かれはわたしのお父さんです」
(2)「こちらはシズカです。かの女はわたしのお姉さんです」
(3)「こちらはコウタです。かれはわたしの友達です」

3 (1) エ　(2) カ　(3) イ

▶ **ポイント**
タツヤは，図の中の人物について「だれですか？」とたずねています。
ユウナの答えの意味は次のとおりです。
(1)「かれはわたしのお父さんです」
(2)「かの女はわたしの妹です」
(3)「かの女はわたしのおばあさんです」

4 (1) She　(2) soccer

---

34 P.67-68　**I can play tennis.**

4 I can play baseball.

35 P.69-70　**Can you play tennis?**

4 I can play the guitar.

37 P.73-74　**I can't play tennis.**

4 I can't skate well.

38 P.75-76　**確認問題⑦**

1 (1) ○　(2) ○　(3) ×　(4) ×

◀)) **読まれた英語**

(1) I'm Daichi. I can ski.
(2) I'm Yuna. I can't play the piano.
(3) I'm Sota. I can't run fast.
(4) I'm Misato. I can sing well.

▶ **ポイント**
読まれた英語の意味は次のとおりです。
(1)「ぼくはダイチです。ぼくはスキーができます」
(2)「わたしはユウナです。わたしはピアノがひけません」
(3)「ぼくはソウタです。ぼくは速く走れません」
(4)「わたしはミサトです。わたしは上手に歌えます」

---

2 (1) She can't skate well.

(2) He can skate well.

◀)) **読まれた英語**

(1) 男子：Can you skate well, Fuka?
　　女子：No, I can't.
(2) 女子：Can you skate well, Shin?
　　男子：Yes, I can.

▶ **ポイント**
読まれた英語の意味は次のとおりです。
(1)「あなたは上手にスケートができますか，フウカ？」
　　「いいえ，できません」
(2)「あなたは上手にスケートができますか，シン？」
　　「はい，できます」

3 (1) can't　(2) can

4 (1) can cook
(2) can't play

39 P.77-78　**I want to eat pizza.**

4 I want to see a castle.

40 P.79-80　**What do you want to eat?**

4 I want to see a panda.

41 P.81-82　**I want to go to a zoo.**

4 I want to go to a zoo.

42 P.83-84　**Where do you want to go?**

4 Where do you want to go?

43 P.85-86　**Why do you want to go to Kyoto?**

4 Why do you want to go to the stadium?

44 P.87-88 確認問題⑧

1 (1) ○ (2) × (3) × (4) ○

🔊 **読まれた英語**

(1) I want to go to a library.
(2) I want to eat pizza.
(3) I want to go to a zoo.
(4) I want to see a koala.

▶ **ポイント**
読まれた英語の意味は次のとおりです。
(1)「ぼくは図書館に行きたいです」
(2)「わたしはピザが食べたいです」
(3)「わたしは動物園に行きたいです」
(4)「ぼくはコアラが見たいです」

2 (1) bookstore (2) comic book

🔊 **読まれた英語**

(1) 先生 : Where do you want to go,
Amie?
女子 : I want to go to a bookstore.
(2) 先生 : What do you want to buy?
女子 : I want to buy a comic book.

▶ **ポイント**
読まれた英語の意味は次のとおりです。
(1)「あなたはどこに行きたいですか、アミー?」「わたしは本屋に行きたいです」
(2)「あなたは何を買いたいですか?」「わたしはマンガ本を買いたいです」

3 (1) I want to go to a park.
(2) I want to see a temple.
(3) I want to eat noodles.

4 (1) go, aquarium
(2) see, dolphin

45 P.89-90 My cap is on the table.

4 My eraser is on the notebook.

46 P.91-92 Where is my cap?

4 Where is my bag?

48 P.95-96 確認問題⑨

1 (1) ア (2) イ (3) イ (4) イ

🔊 **読まれた英語**

(1) My pen is on the table.
(2) My cat is under the bed.
(3) My ball is by the chair.
(4) My hat is in the box.

▶ **ポイント**
読まれた英語の意味は次のとおりです。
(1)「わたしのペンはテーブルの上にあります」
(2)「わたしのねこはベッドの下にいます」
(3)「わたしのボールはいすのそばにあります」
(4)「わたしのぼうしは箱の中にあります」

2 (1) It's on the desk.
(2) It's by the window.

🔊 **読まれた英語**

(1) Where is my bag?
(2) Where is my bed?

▶ **ポイント**
(1) 質問の意味は「わたしのかばんはどこにありますか?」です。It's on the desk. で「つくえの上にあります」という意味になります。
(2) 質問の意味は「わたしのベッドはどこにありますか?」です。It's by the window. で「まどのそばにあります」という意味になります。

3 (1) right, third
(2) left, first

4 (1) My book is on the desk.
(2) My notebook is under the chair.

49 P.97-98 I'd like pizza.

4 I'd like fried chicken.

4 How much is it?

1 (1) ア (2) カ (3) エ

◀)) 読まれた英語

(1) 男子：What would you like, Megumi?
　　女子：I'd like curry and rice.
(2) 女子：What would you like, Takuya?
　　男子：I'd like cake.
(3) 男子：What would you like, Yuka?
　　女子：I'd like orange juice.

▶ ポイント

What would you like? は「何になさいますか?」という意味です。
答えの文の意味は, (1)「カレーライスをいただきます」, (2)「ケーキをいた
だきます」, (3)「オレンジジュースをいただきます」です。

2 (1) milk, 100 yen
　　(2) ice cream, 300 yen
　　(3) pizza, 500 yen

◀)) 読まれた英語

(1) 男子：I'd like milk. How much is it?
　　ウェイトレス：It's 100 yen.
(2) 女子：I'd like ice cream. How much
　　　　　is it?
　　ウェイター：It's 300 yen.
(3) 男子：I'd like pizza. How much is it?
　　ウェイトレス：It's 500 yen.

▶ ポイント

(1)は milk と 100 yen の部分を, (2)は ice cream と 300 yen の部分を, (3)
は pizza と 500 yen の部分を聞き取りましょう。

3 (1) like / would / spaghetti
　　(2) salad / How much

4 ① I'd like
　　② How, it

1 (1) イ (2) ウ (3) ア (4) エ

◀)) 読まれた英語

(1) 男子：What time do you get up?
　　女子：I get up at six thirty.
(2) 男子：Where do you want to go?
　　女子：I want to go to Okinawa.
(3) 女子：Can you play the guitar?
　　男子：No, I can't. I can play the
　　　　　piano.
(4) 女子：Where is your bag?
　　男子：It's under the desk.

▶ ポイント

(1)「わたしは6時半に起きます」と言っています。
(2)「わたしは沖縄に行きたいてす」, (3)「ぼくはピアノがひけます」, (4)「つ
くえの下にあります」の部分を聞き取りましょう。

2 (1) Natsumi — volleyball
　　(2) Akira — friend

◀)) 読まれた英語

(1) 男子：Are you Naomi?
　　女子：No, I'm not. I'm Natsumi.
　　男子：Hello, Natsumi. I like soccer.
　　　　　Do you like soccer?
　　女子：No, I don't. I like volleyball.
(2) 男子：Is he Daichi?
　　女子：No, he isn't. He is Akira.
　　男子：Is he your friend?
　　女子：Yes, he is.

▶ ポイント

(2) Is he your friend? と聞かれて, Yes で答えています。

3 (1) I'd like pizza.
　　(2) I eat breakfast at seven fifteen.
　　(3) Turn right at the second corner.

4 (1) go (2) brother

1 (1) イ　(2) イ　(3) ア　(4) イ

> 🔊 **読まれた英語**
>
> (1) 男子：I don't have a pencil. Do you
> 　　　　have a pencil?
> 　　女子：Yes, I do. It's in my pencil
> 　　　　case.
> (2) 男子：What do you want to eat?
> 　　女子：I want to eat a hamburger.
> (3) 男子：I want an apple. How much is
> 　　　　it?
> 　　女子：It's 150 yen.
> (4) 男子：When is your birthday?
> 　　女子：It's December 20th.

▶ **ポイント**

(1) in my pencil case は「筆箱の中に」という意味です。

2 (1) ① 音楽　② バイオリン
　　　③ バスケットボール
　(2) ① 動物　② 犬　③ パンダ

> 🔊 **読まれた英語**
>
> (1) Hello. I'm Keigo. I like music. I
> 　　play the violin.
> 　　I have a brother. He is good at
> 　　basketball.
> (2) Hello. I'm Misaki. I like animals. I
> 　　have a dog.
> 　　I want to go to Tokyo. I want to
> 　　see pandas.

▶ **ポイント**

読まれた英語の意味は次のとおりです。
(1) 「こんにちは。ぼくはケイゴです。ぼくは音楽が好きです。ぼくはバイ
　　オリンをひきます。ぼくにはお兄さんがいます。かれはバスケットボー
　　ルが得意です」
(2) 「こんにちは。わたしはミサキです。わたしは動物が好きです。犬を
　　飼っています。わたしは東京に行きたいです。わたしはパンダが見たい
　　のです」

3 (1) No, I don't.
　(2) She is Mao.

4 (1) I get up at seven.
　(2) I usually walk the dog.
　(3) I always wash the dishes.

❶ 数

☐	0	zero	☐	20	twenty
☐	1	one	☐	21	twenty-one
☐	2	two	☐	22	twenty-two
☐	3	three	☐	23	twenty-three
☐	4	four	☐	24	twenty-four
☐	5	five	☐	25	twenty-five
☐	6	six	☐	26	twenty-six
☐	7	seven	☐	27	twenty-seven
☐	8	eight	☐	28	twenty-eight
☐	9	nine	☐	29	twenty-nine
☐	10	ten	☐	30	thirty
☐	11	eleven	☐	31	thirty-one
☐	12	twelve	☐	40	forty
☐	13	thirteen	☐	50	fifty
☐	14	fourteen	☐	60	sixty
☐	15	fifteen	☐	70	seventy
☐	16	sixteen	☐	80	eighty
☐	17	seventeen	☐	90	ninety
☐	18	eighteen	☐	100	one hundred
☐	19	nineteen			

□	angry	おこった		□	hot	暑い
□	busy	いそがしい		□	new	新しい
□	fine	元気な		□	old	古い
□	good	元気な		□	short	短い
□	great	とても元気な		□	long	長い
□	happy	楽しい, うれしい		□	big	大きい
□	hungry	おなかがすいた		□	small	小さい
□	sad	悲しい		□	black	黒い
□	sleepy	ねむい		□	blue	青い
□	thirsty	のどがかわいた		□	brown	茶色の
□	tired	つかれた		□	green	緑色の
□	cold	寒い		□	orange	オレンジ色の
□	cool	かっこいい		□	pink	ピンク色の
□	cute	かわいい		□	purple	むらさき色の
□	exciting	わくわくする		□	red	赤い
□	fast	速い		□	white	白い
□	fun	楽しい		□	yellow	黄色の

❸ 教科と文ぼう具

☐ arts and crafts 図工	☐ crayon クレヨン
☐ calligraphy 書写	☐ eraser 消しゴム
☐ English 英語	☐ ink インク
☐ home economics 家庭科	☐ notebook ノート
☐ Japanese 国語	☐ pen ペン
☐ math 算数	☐ pencil えんぴつ
☐ moral education 道徳	☐ pencil case 筆箱
☐ music 音楽	☐ ruler 定規
☐ P.E. 体育	☐ scissors はさみ
☐ science 理科	☐ stapler ホッチキス
☐ social studies 社会(科)	

❹ 曜日と季節

☐ 月 Monday 月曜日	☐ 日 Sunday 日曜日
☐ 火 Tuesday 火曜日	☐ spring 春
☐ 水 Wednesday 水曜日	☐ summer 夏
☐ 木 Thursday 木曜日	☐ fall / autumn 秋
☐ 金 Friday 金曜日	☐ winter 冬
☐ 土 Saturday 土曜日	

❺ 月

☐ January 1月	☐ February 2月	☐ March 3月
☐ April 4月	☐ May 5月	☐ June 6月
☐ July 7月	☐ August 8月	☐ September 9月
☐ October 10月	☐ November 11月	☐ December 12月

❻ 日にち

☐1st 1日	☐2nd 2日	☐3rd 3日	☐4th 4日	☐5th 5日	☐6th 6日	☐7th 7日
☐8th 8日	☐9th 9日	☐10th 10日	☐11th 11日	☐12th 12日	☐13th 13日	☐14th 14日
☐15th 15日	☐16th 16日	☐17th 17日	☐18th 18日	☐19th 19日	☐20th 20日	☐21st 21日
☐22nd 22日	☐23rd 23日	☐24th 24日	☐25th 25日	☐26th 26日	☐27th 27日	☐28th 28日
☐29th 29日	☐30th 30日	☐31st 31日				

❼ 食べ物と飲み物

- [ ] bread パン
- [ ] curry カレー
- [ ] curry and rice カレーライス
- [ ] French fries フライドポテト
- [ ] fried chicken フライドチキン
- [ ] hamburger ハンバーガー
- [ ] hot dog ホットドッグ
- [ ] noodles めん (類)
- [ ] omelet オムレツ
- [ ] pizza ピザ
- [ ] rice ごはん
- [ ] rice ball おにぎり
- [ ] salad サラダ
- [ ] sandwich サンドイッチ

- [ ] spaghetti スパゲッティ
- [ ] steak ステーキ
- [ ] egg たまご
- [ ] fish 魚
- [ ] cake ケーキ
- [ ] candy キャンディ
- [ ] chocolate チョコレート
- [ ] ice cream アイスクリーム
- [ ] pie パイ
- [ ] popcorn ポップコーン
- [ ] coffee コーヒー
- [ ] milk 牛乳
- [ ] tea 紅茶
- [ ] orange juice オレンジジュース

☐	apple	りんご
☐	banana	バナナ
☐	cherry	さくらんぼ
☐	grapes	ぶどう
☐	kiwi fruit	キウイ
☐	lemon	レモン
☐	melon	メロン
☐	orange	オレンジ
☐	peach	もも
☐	pineapple	パイナップル
☐	strawberry	いちご
☐	watermelon	すいか

☐	cabbage	キャベツ
☐	carrot	にんじん
☐	corn	とうもろこし
☐	cucumber	きゅうり
☐	green pepper	ピーマン
☐	lettuce	レタス
☐	mushroom	マッシュルーム
☐	onion	たまねぎ
☐	potato	じゃがいも
☐	tomato	トマト

❾ 動物と海の生き物

- [ ] bear くま
- [ ] bird 鳥
- [ ] cat ねこ
- [ ] chicken にわとり
- [ ] cow 牛
- [ ] dog 犬
- [ ] elephant ぞう
- [ ] frog かえる
- [ ] gorilla ゴリラ
- [ ] horse 馬
- [ ] koala コアラ
- [ ] monkey さる

- [ ] mouse ねずみ
- [ ] panda パンダ
- [ ] penguin ペンギン
- [ ] pig ぶた
- [ ] rabbit うさぎ
- [ ] sheep ひつじ
- [ ] snake へび
- [ ] tiger とら

- [ ] dolphin いるか
- [ ] jellyfish くらげ
- [ ] sea turtle 海がめ
- [ ] whale くじら

❿ スポーツ

- [ ] badminton バドミントン
- [ ] baseball 野球
- [ ] basketball バスケットボール
- [ ] dodgeball ドッジボール
- [ ] soccer サッカー

- [ ] softball ソフトボール
- [ ] swimming 水泳
- [ ] table tennis 卓球
- [ ] tennis テニス
- [ ] volleyball バレーボール

⓫ 自然

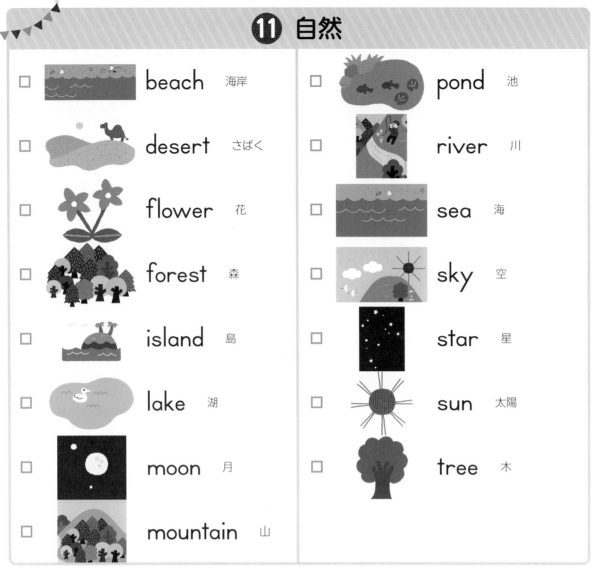

☐	beach	海岸
☐	desert	さばく
☐	flower	花
☐	forest	森
☐	island	島
☐	lake	湖
☐	moon	月
☐	mountain	山
☐	pond	池
☐	river	川
☐	sea	海
☐	sky	空
☐	star	星
☐	sun	太陽
☐	tree	木

⓬ 天気

☐	cloudy	くもりの
☐	cold	寒い
☐	hot	暑い
☐	rainy	雨の
☐	snowy	雪の
☐	sunny	晴れの
☐	windy	風の強い

⑬ 家族と人

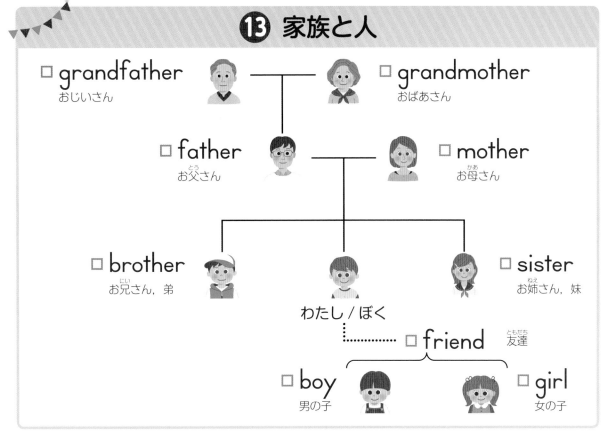

- □ grandfather
  おじいさん
- □ grandmother
  おばあさん
- □ father
  お父さん
- □ mother
  お母さん
- □ brother
  お兄さん，弟
- □ sister
  お姉さん，妹

わたし / ぼく

- □ friend 友達
- □ boy
  男の子
- □ girl
  女の子

⑭ 顔

- □ head　頭
- □ ear　耳
- □ nose　鼻
- □ eye　目
- □ mouth　口

⑮ 体

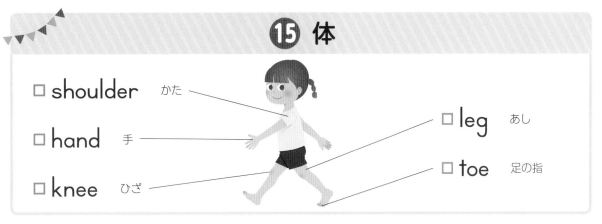

- □ shoulder　かた
- □ hand　手
- □ knee　ひざ
- □ leg　あし
- □ toe　足の指

⑯ 職業

☐ actor	はいゆう
☐ artist	芸術家，画家
☐ astronaut	宇宙飛行士
☐ baker	パン職人
☐ baseball player	野球選手
☐ bus driver	バスの運転手
☐ carpenter	大工
☐ cartoonist	マンガ家
☐ comedian	コメディアン
☐ cook	料理人
☐ dentist	歯医者
☐ designer	デザイナー
☐ doctor	医者
☐ farmer	農場経営者
☐ figure skater	フィギュアスケーター
☐ fire fighter	消防士
☐ flight attendant	客室乗務員
☐ florist	花屋
☐ hairdresser	美容師
☐ illustrator	イラストレーター
☐ musician	音楽家
☐ nurse	かんご師
☐ photographer	写真家
☐ pilot	パイロット
☐ police officer	警察官
☐ programmer	プログラマー
☐ scientist	科学者
☐ singer	歌手
☐ soccer player	サッカー選手
☐ teacher	教師，先生
☐ vet	じゅう医
☐ zookeeper	動物園の飼育員

 amusement park 遊園地

 museum 美術館

 aquarium 水族館

 park 公園

 bookstore 本屋

 post office 郵便局

 coffee shop コーヒーショップ

 restaurant レストラン

 convenience store コンビニエンスストア

 shrine 神社

 department store デパート

 stadium スタジアム

 fire station 消防署

 station 駅

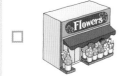 flower shop 花屋

 supermarket スーパーマーケット

 house 家

 temple 寺

 library 図書館

 zoo 動物園

18 位置・方向など

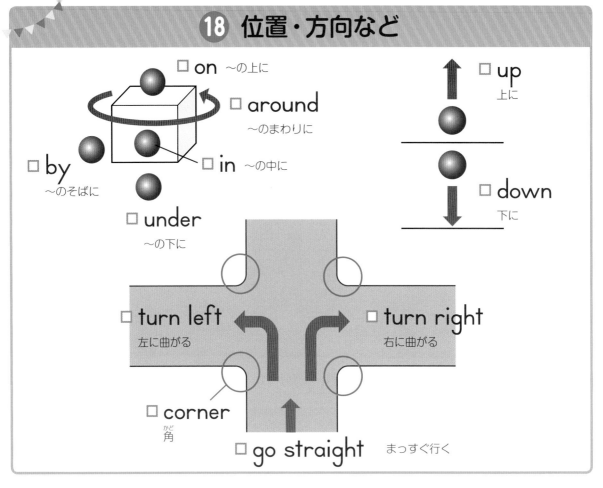

- □ on ～の上に
- □ around ～のまわりに
- □ by ～のそばに
- □ in ～の中に
- □ under ～の下に
- □ up 上に
- □ down 下に
- □ turn left 左に曲がる
- □ turn right 右に曲がる
- □ corner 角
- □ go straight まっすぐ行く

19 乗り物

- □ airplane 飛行機
- □ bike 自転車
- □ boat ボート
- □ bus バス
- □ car 車
- □ jet ジェット機
- □ ship 船
- □ spaceship 宇宙船
- □ subway 地下鉄
- □ taxi タクシー
- □ train 電車
- □ truck トラック
- □ yacht ヨット

⑳ 身の回りのものと身につけるもの

 ball　ボール

 bag　かばん

 bat　バット

 bed　ベッド

 book　本

 box　箱

 calendar　カレンダー

 chair　いす

 clock　時計

 comic book　マンガ本

 cup　カップ

 desk　つくえ

 dish　お皿

 guitar　ギター

 map　地図

 piano　ピアノ

 racket　ラケット

 table　テーブル

 umbrella　かさ

 violin　バイオリン

 watch　うで時計

 cap　（ふちのない）ぼうし

 gloves　手ぶくろ

 hat　（ふちのある）ぼうし

 pants　ズボン

 shirt　シャツ

 shoes　くつ

 socks　くつした

 sweater　セーター

 T-shirt　Tシャツ

㉑ すること

□ buy 買う	□ run 走る
□ cook 料理する	□ see 見る
□ dance ダンスをする	□ sing 歌う
□ drink 飲む	□ sit すわる
□ eat 食べる	□ skate スケートをする
□ have 持っている	□ ski スキーをする
□ help 手伝う	□ stand 立つ
□ jump とぶ, ジャンプする	□ stop 止まる
□ like 好む	□ swim 泳ぐ
□ read 読む	□ walk 歩く